张远航

2023.6.18

马克思图传

全球手稿档案、文献史料、艺术作品的集中呈现

张远航——编

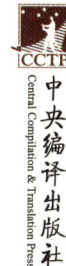

CCTP
中央编译出版社
Central Compilation & Translation Press

图书在版编目(CIP)数据

马克思图传:全球手稿档案、文献史料、艺术作品的集中呈现 / 张远航编. —— 北京:中央编译出版社,2022.5

ISBN 978-7-5117-4071-7

Ⅰ.①马… Ⅱ.①张… Ⅲ.①马克思(Marx, Karl 1818-1883)—传记—画册 Ⅳ.① A716

中国版本图书馆 CIP 数据核字 (2021) 第 242611 号

马克思图传:全球手稿档案、文献史料、艺术作品的集中呈现

责任编辑	李媛媛
责任印制	刘 慧
出版发行	中央编译出版社
地　　址	北京市海淀区北四环西路 69 号(100080)
电　　话	(010)55627391(总编室)　(010)55627310(编辑室)
	(010)55627320(发行部)　(010)55627377(新技术部)
经　　销	全国新华书店
印　　刷	佳兴达印刷(天津)有限公司
开　　本	787 毫米 ×1092 毫米 1/16
字　　数	94 千字
印　　张	18.75
版　　次	2022 年 5 月第 1 版
印　　次	2022 年 5 月第 1 次印刷
定　　价	128.00 元

新浪微博:@中央编译出版社　　　微　信:中央编译出版社(ID:cctphome)
淘宝店铺:中央编译出版社直销店(http://shop108367160.taobao.com)(010)55627331
本社常年法律顾问:北京市吴栾赵阎律师事务所律师　闫军　梁勤
凡有印装质量问题,本社负责调换,电话:(010)55626985

目录

第一章　树立为人类幸福而奋斗的远大理想　001

第二章　走上无产阶级革命道路　027

第三章　马克思主义的诞生　053

第四章　投身1848年欧洲革命　101

第五章　创作划时代巨著《资本论》　141

第六章　国际工人协会的领袖　189

第七章　支持巴黎公社　223

第八章　最后十年　255

第一章

树立为人类幸福而奋斗的远大理想

狄更斯在他的名著《双城记》中写道:"那是最好的时代,那是最坏的时代"。卡尔·马克思就生活在这样的时代。

英国,第一次工业革命的发源地。从 18 世纪中叶开始,珍妮纺纱机的发明和应用拉开了工业革命的序幕,瓦特蒸汽机的改良和广泛使用成为变革生产方式的重要枢纽。到 19 世纪 30、40 年代,资本主义机器大工业生产占据了主导地位,标志着英国工业革命的基本完成。工业革命不仅推动了科学技术与文化的发展,还引起了整个社会的深刻变革,造就了相互对立的两大阶级——资产阶级和无产阶级。

法国,1789 年爆发法国大革命。这是一次深刻、激烈和史诗式的资产阶级革命。从巴黎人民攻占巴士底狱到热月政变,法国大革命经历了 5 年的历程,其势如暴风骤雨,迅猛异常。在三次起义中,人民群众都显示出伟大的力量,一再把革命从危机中挽救过来,并推动它进一步向前发展。大革命结束了统治法国一千多年的封建专制制度,传播了资产阶级自由民主平等的思想,有力地促进了资本主义的发展。

德国,1806 年,当拿破仑率领强大的法国军队飓风般地席卷欧洲时,这片位于欧洲中部的土地被轻而易举地征服了。拿破仑用武力扫荡了这片土地上存在了几百年的封建秩序,并在所到之处广泛传播法国大革命所倡导的自由和平等的原则。1814 年,拿破仑被反法同盟击败。在英俄的主导下，由 38 个邦国组成的"德意志邦联"成立了，但它依然落后，封建等级制度占据着统治地位。德意志人寻求建立一个统一与自由的国家。

德国西南部莱茵省特里尔市也曾经在拿破仑时期被并入法国，正是在这里，1818 年 5 月 5 日，卡尔·马克思诞生了。这是一座景色如画的古城，它依傍着摩泽尔河，两千多年来，城中保存着古罗马以来各个时代的大量文明遗迹。此地又是著名的葡萄酒产区，城外低缓的山丘上布满了葡萄园，好像绿色的绒毯上点缀着的颗颗红宝石。特里尔还是一座崇尚自由平等精神的城市，拿破仑的占领，也使得资产阶级自由平等思想的种子在特里尔人的心中扎下了根。

马克思出生在一个开明的犹太家庭。他是家中的第三个孩子，也是父母最宠爱的孩子。他精力旺盛、聪慧好学，母亲称他为"幸运儿"，因为他做任何事情都很顺利。他的父亲是一位受人尊敬的律师，学识渊博，爱好古典文学和哲学。同时他也是一名温和的自由主义者，深受法国启蒙精神的影响。在 1834 年一次拥护自由主义宪法的宴会上，马克思的父亲与激昂的人们高唱了几首革命歌曲，这引起普鲁士政府的震怒，他被看做"可疑分子"接受了审讯。

1

1　马克思的故乡——19世纪30年代的德国古城特里尔，位于当时德国政治、经济最发达的莱茵省。

2

3

2　特里尔布吕肯巷664号，现为马克思故居博物馆所在地，1818年5月5日卡尔·马克思在这里诞生。

3　马克思故居博物馆墙面上展示的马克思雕像

4　马克思童年时代的特里尔城（中国画）于文江

5　特里尔市的标志性建筑——黑门

6　特里尔黑门附近的西梅翁街1070号（现位于西梅翁街8号）门牌，马克思两岁时全家搬到这里居住。

4

5

6

7 马克思的出生证书

8 童年（中国画）高莽。画中站着的是马克思的父亲亨利希·马克思（1777—1838），他是特里尔市一位受人尊敬的律师；坐在椅子上的是马克思的母亲罕丽达·普雷斯堡（1788—1863），她是一位勤劳善良的家庭妇女。马克思共有兄妹9人，他从小口才出众，经常给家人讲述动听的故事，深得大家喜爱。

马克思从小就受到父亲的理性主义和自由主义思想的熏染。他在17岁的中学毕业考试作文——《青年在选择职业时的考虑》中写下了这样的话：

"我们的使命决不是求得一个最足以炫耀的职业"，"在选择职业时，我们应该遵循的主要指针是人类的幸福和我们自身的完美……人只有为同时代人的完美、为他们的幸福而工作，自己才能达到完美。"

"为人类而工作"，马克思用一生践行着这个座右铭。

9

10

11

9 特里尔中学。1830年秋天,马克思进入特里尔中学接受教育,在那里结识了自己的人生导师路德维希·冯·维斯特华伦。

10 特里尔中学院内

11 马克思于1835年8月写的中学毕业作文《青年在选择职业时的考虑》的第一页。9月,马克思中学毕业。

12

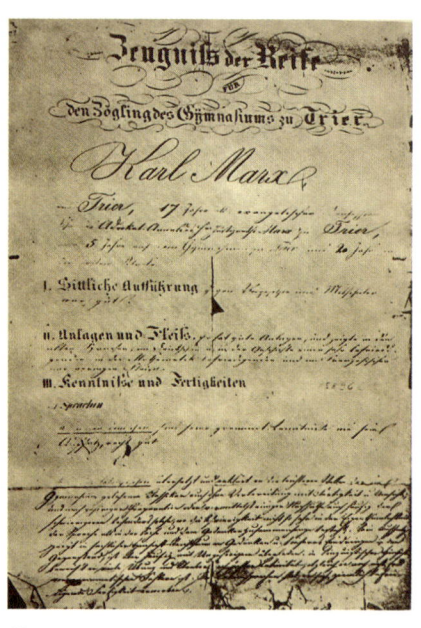

13

12 撰写中学毕业作文《青年在选择职业时的考虑》(油画) 高莽。马克思在中学毕业作文中表达了为人类服务的远大理想:"如果我们选择了最能为人类而工作的职业,那么,重担就不能把我们压倒,因为这是为大家作出的牺牲;那时我们所享受的就不是可怜的、有限的、自私的乐趣,我们的幸福将属于千百万人,我们的事业将悄然无声地存在下去,但是它会永远发挥作用,而面对我们的骨灰,高尚的人们将洒下热泪。"

13 1835年9月24日印发给马克思的中学毕业证书

1835年10月，马克思进入波恩大学法律系学习，一年后转入柏林大学法律系。

柏林是普鲁士的首都，在规模上是特里尔小城所不能比拟的。但是，作为普鲁士王国专制统治的中心，这里到处都笼罩着保守而压抑的气氛。这种氛围让爱好自由的马克思感到厌恶。但柏林大学却是德国思想舆论斗争的中心，这里不仅建筑宏伟巍峨，而且有许多享有盛誉的教授，费希特、谢林、黑格尔和费尔巴哈……德国古典哲学的大师们几乎都在这里任过教，甚至当过校长。"在任何其他大学里都不像这里这样普遍用功……这样向往学问，这样安静。和这里的研究环境比起来，其他大学简直就是酒馆。"

强烈的求知欲让马克思坚定决心"做一些有用的事情"。在波恩大学学习时，他曾一学期就选修了9门课程。由于过于用功，他很快病倒了。父母为此非常担心，写信给马克思说，"有必要对自己的健康更加注意一些"，因为健康是一个人最大的财富，青年时代的漫无节制日后会遭到可怕的报复。此后，他以自学研究为主，自由地邀游在法学、哲学、历史、艺术等领域的文献典籍之中，为看过的书做提要和摘录，过段时间再重新翻阅笔记，澄清自己的思想。自学研究让他成为了知识广博的多面手，受益终身。

14 波恩大学。马克思中学毕业后,于1835年10月进入波恩大学攻读法学。

15 马克思在波恩大学同乡会朗诵诗歌(木刻)王公懿。在波恩大学期间,马克思参加了特里尔同乡会,被选为该会的理事。他还参加了文学团体,常常和一群青年朗诵诗篇,讨论历史和哲学问题。

16 马克思在波恩大学的肄业证书。马克思在波恩大学学习一年后,转入柏林大学学习。

14

15

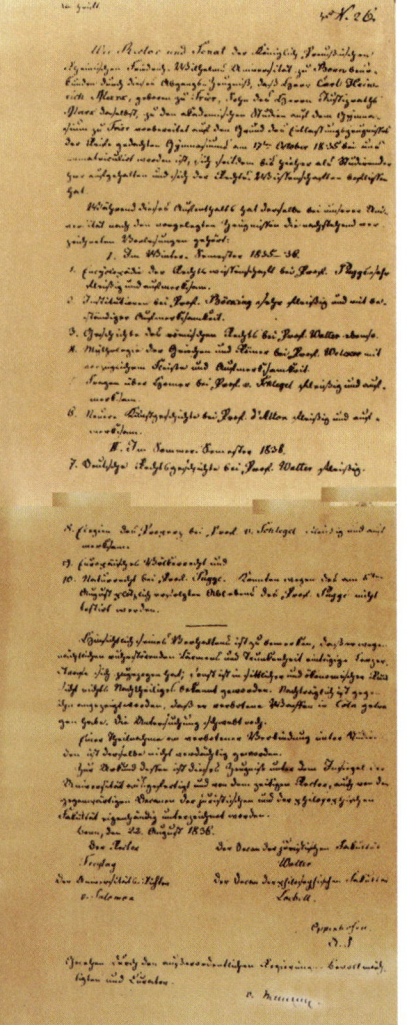

16

17

18

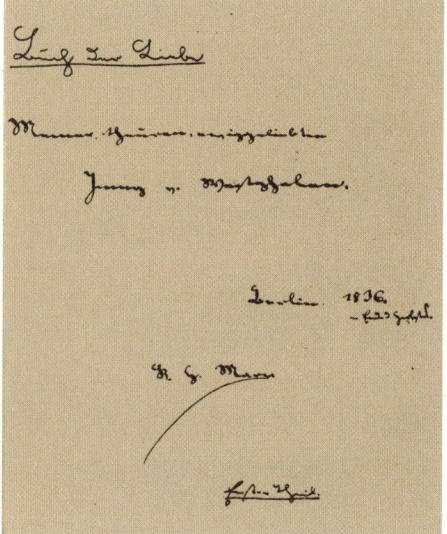

19

17　燕妮·冯·威斯特华伦（1814—1881），出身于贵族家庭，父亲是特里尔的枢密顾问，马克思的良师益友。1836年夏，在马克思暑期探亲之际，燕妮和马克思在家乡订了婚。

18　燕妮故居墙面上展示的燕妮雕塑

19　《爱之书》的封面。马克思年轻时，给燕妮写下了大量书信，表达了对燕妮的爱慕之心，信中展露了马克思宏大的人生计划。

20 19世纪的柏林

21 柏林大学。马克思于1836年10月转入柏林大学法律系学习,最初攻读法学,不久便开始专心研究历史和哲学。

20

21

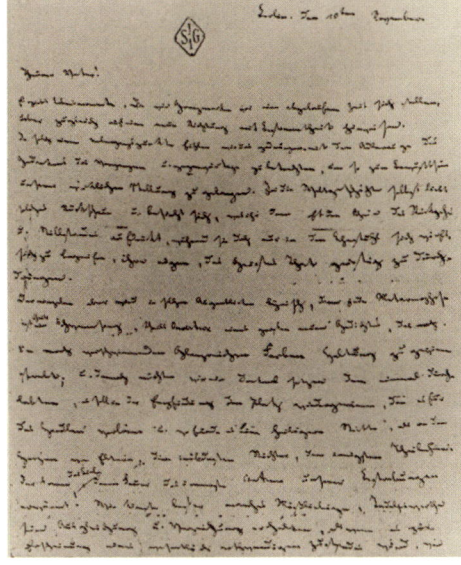

22

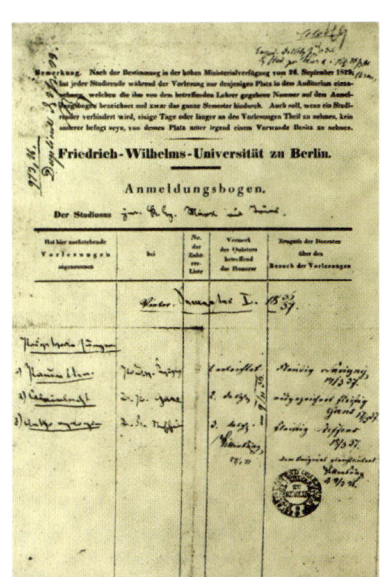

24

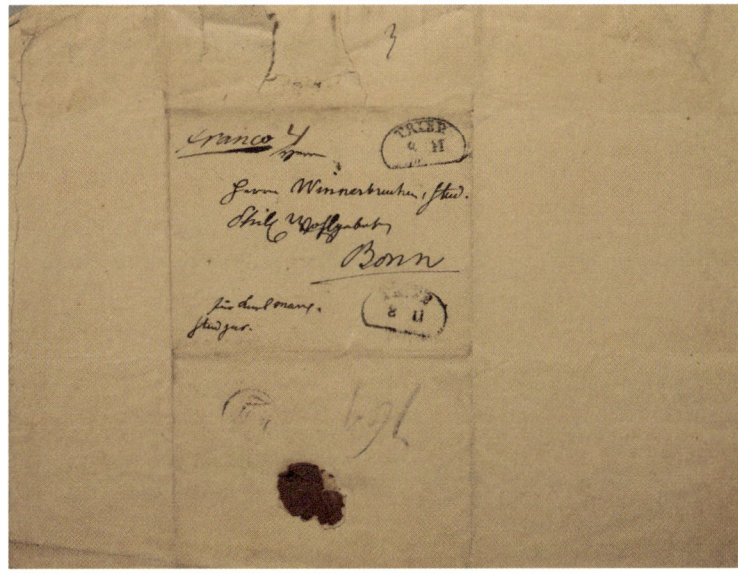

23

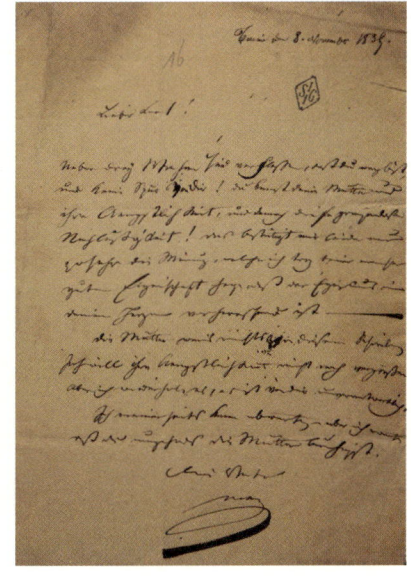

22　马克思1837年11月10日致父亲的信。马克思告诉父亲，来柏林后，他几乎断绝所有与外部朋友的联系，努力使自己沉浸在科学和艺术中。

23　1839年父亲写给马克思的信及信的封套

24　马克思1836年在柏林大学的听课证。表格左边第一列是课程题目，第二列是授课人签字，第四列是学校财务人员签字（据此给授课人发讲课费），第五列是讲师给听课人做的点名记录。

在广泛的涉猎中，德国古典哲学，特别是黑格尔哲学逐渐成为马克思的主要兴趣所在。1837年4月，马克思又一次因为劳累过度病倒了。在柏林郊外的施特拉劳休养时，他却得到了人生里程碑式的收获。马克思研读了黑格尔的全部著作，同时由于"常和朋友们聚会"，接触到了青年黑格尔派在柏林的组织——"博士俱乐部"，这是一个重视黑格尔辩证法的激进主义者的学术团体。

在柏林的耶戈尔大厅和夏洛丹大街的交叉路口，有一家名为施特黑利的咖啡馆，从柏林大学到这里只需步行5分钟，这为"博士俱乐部"的聚会提供了方便。咖啡馆的四壁贴着红色的壁纸，因此，他们称这里为"红厅"。

在"红厅"里，教授、讲师、新闻工作者、作家、律师、文学批评家等一些热爱黑格尔的"博士俱乐部"成员们总是进行着关于政治和社会问题的辩论。马克思是"博士俱乐部"中最年轻的一个，大部分成员比他大十多岁。他每次在发言之前都要站起身，在屋子里踱几步，沉思地把他的食指按在唇边，然后开始激昂陈词。马克思的演讲总是深刻、大胆和敏锐，因为他十分注重研究社会现实问题，讥评时政。每逢这种时候，"博士俱乐部"的精神领袖、柏林大学的神学讲师布鲁诺·鲍威尔都会向这位年轻的小弟弟报以热烈的掌声。

25

25 刻苦学习（素描）顾盼。在柏林大学，马克思勤奋学习，博览群书，经常通宵达旦，专心致志于科学与艺术研究。他养成了毕生都沿用的学习方法：凡是自己读过的书，都写笔记，做摘录，打记号，加评语，过一段时间再重温一遍，以加强记忆。

26 "博士俱乐部"里的年轻人（水粉画）杨克山。"博士俱乐部"是青年黑格尔派的一个组织，成员大多为教师、作家、大学生。他们的主要活动是批判宗教教义，捍卫信仰和出版自由，但他们抱着唯心主义的历史观，轻视人的实践活动。马克思在柏林上学时，结识了这个组织的成员，并参加了俱乐部的活动。在俱乐部里，马克思最年轻，但他很快便以知识渊博、目光敏锐和见地深刻而成为公认的精神领袖之一。

27 潜心研究黑格尔哲学（木刻）盛增祥。1837年夏，按照医生的建议，马克思来到柏林郊区施特拉劳渔村暂住休养，期间，他阅读了黑格尔及其弟子的绝大部分著作。

28 19世纪30年代的施特拉劳渔村风景

29 马克思在施特拉劳渔村住过的房子

27

28

29

1841年3月底,马克思完成了他的博士论文《德谟克利特的自然哲学和伊壁鸠鲁的自然哲学的差别》,虽然在基本观点上带有黑格尔哲学的色彩,但它不仅体现了马克思"反对一切天上和地上的神"的革命民主主义和彻底无神论的倾向,而且反映了他反对因循守旧的保守观点,力图超越黑格尔哲学的独创精神。这时马克思还不满23周岁,凭借这篇论文他获得了耶拿大学的哲学博士学位。

30

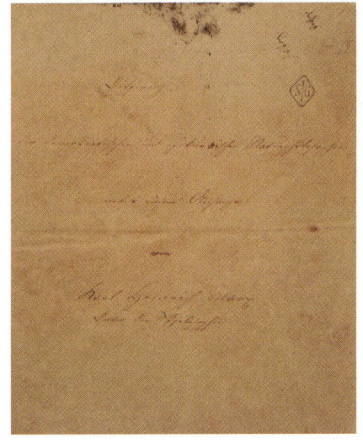

31

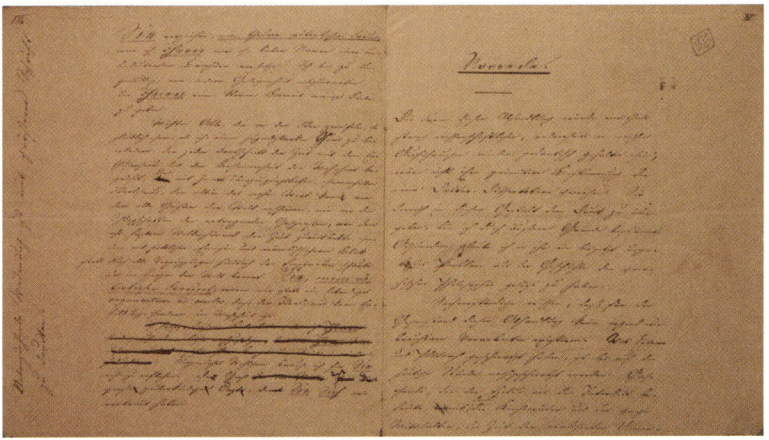

32

30 马克思写作博士论文（木刻）许钦松。马克思的博士论文题目为《德谟克利特的自然哲学和伊壁鸠鲁的自然哲学的差别》。马克思从1839年初就开始钻研哲学史，广泛研究古代的哲学思想，特别是深入研究了这两位哲学家的著作。马克思在这篇论文中指出了他们的哲学观点对人类精神发展的重要性，揭示了伊壁鸠鲁哲学体系的辩证因素。在论文的序言中，马克思公开宣布无神论是自己的信仰。

31 马克思博士论文的封面。1841年春，马克思将写完的博士论文寄给了耶拿大学。

32 马克思的博士论文（部分）

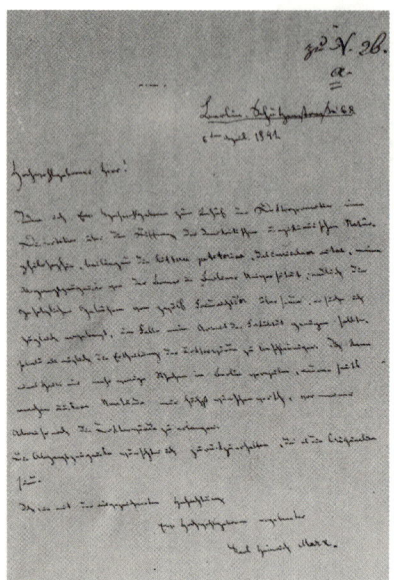

33　马克思写给耶拿大学请求通过博士论文的书信

34　耶拿大学。始建于1558年，是德国最为传统、古老的大学之一。

35　1841年3月30日签发的马克思的柏林大学毕业证书第一页

36　马克思的博士学位证书。1841年4月15日，耶拿大学哲学系授予了不到23岁的马克思哲学博士学位。

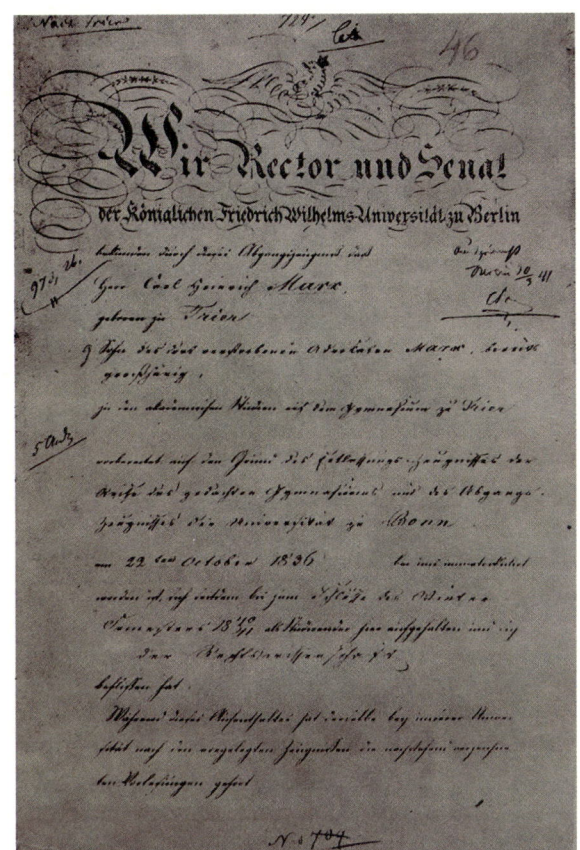

35

36

第二章

走上无产阶级革命道路

位于莱茵河畔的科隆是德国的第四大城市。科隆大教堂是内城的中心，它已成为科隆的象征和游客们向往的名胜之地。站在教堂塔顶极目远望，莱茵河犹如一条白色的缎带从旁飘过。1842年初，莱茵省新兴资产阶级在科隆创办了一份带有自由主义倾向的报纸《莱茵报》。

大学毕业后，由于普鲁士当局加紧压制民主主义运动，马克思不得不放弃到大学执教的计划。他不满足于青年黑格尔派只在抽象的哲学和宗教领域对反动势力发出无力的抗议，决定投身于反对普鲁士专制制度的现实斗争。从写下第一篇时政论文《评普鲁士最近的书报检查令》开始，到为《莱茵报》撰稿，这位年轻人的才华受到读者和《莱茵报》股东们的关注。1842年10月马克思来到科隆，担任了《莱茵报》的主笔。当时他才24岁。

马克思是《莱茵报》编辑部的灵魂，他具有很强的领导才能，以至于书报检查官把编辑部称为"马克思一人的专政"。在马克思的主持下，《莱茵报》开始声播全国，4个月内，报纸的发行量就从885份激增到3400多份。

《莱茵报》能脱颖而出，主要是因为马克思使报纸的内容越来越具有鲜明的革命民主主义色彩。该报的一位撰稿人这样描写了马克思主持下的报纸："普鲁士和德意志拥有的一切年轻的、有新鲜自由思想的或者革命思想的天才都到这里避难来了。他们使用各式各样的武器，进行斗争……今天用散文，明天用诗歌，为着共同的目标而结合在一起……"

1

1　19世纪的科隆。马克思1842年3月开始为《莱茵报》撰稿，10月被聘为该报编辑，随即移居《莱茵报》所在地科隆。

2　19世纪40年代的科隆街道

2

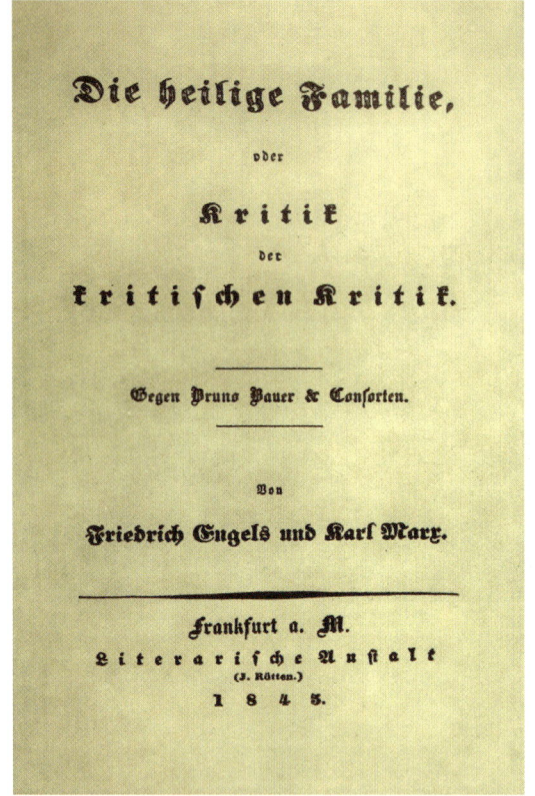

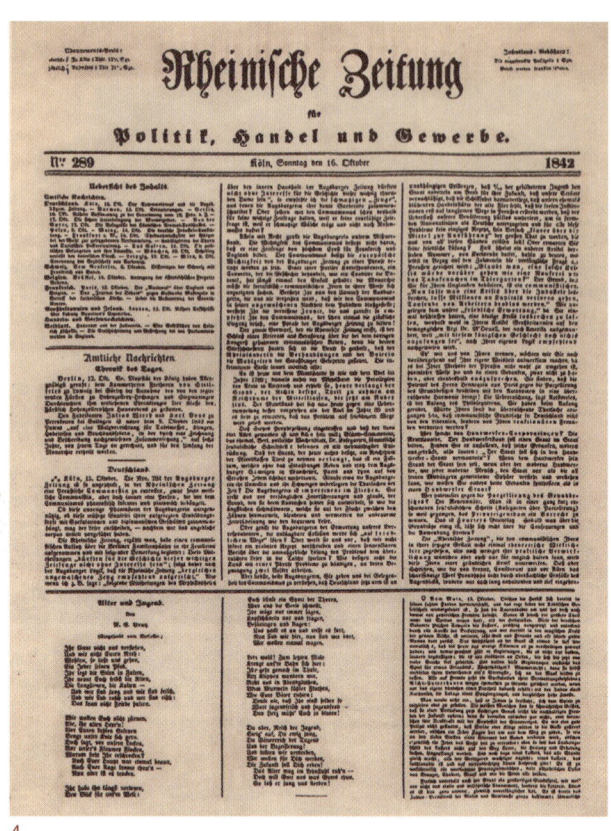

3 　1842年初马克思写的第一篇政论文章《评普鲁士最近的书报检查令》发表在《德国现代哲学和政论界轶文集》上，批判普鲁士的反动专制制度。

4 　1842年10月16日马克思在《莱茵报》发表《共产主义和奥格斯堡〈总汇报〉》一文，这是马克思担任《莱茵报》编辑以后写的第一篇文章，第一次公开表明了他对共产主义的态度。

5 　二十四岁的《莱茵报》主笔（中国画）赵绪成。《莱茵报》是《莱茵政治、商业和工业日报》的简称，马克思从1842年3月起为该报撰稿。为该报撰稿的青年黑格尔分子还有B.鲍威尔、E.鲍威尔、M.赫斯、K.F.科本等人。受马克思影响，《莱茵报》日益具有明显的革命民主主义的倾向，影响越来越大，引起了普鲁士政府的恐惧和反动报纸的攻击。

马克思也撰写了一系列抨击时政的文章。在《摩泽尔记者的辩护》《关于林木盗窃法的辩论》等文章中，他公开维护劳苦大众的利益，揭露普鲁士专制制度的丑恶。普鲁士当局对此惊恐不安，不断对其进行监视和压制。为了保护报纸，马克思从早到晚都要忍受"最可怕的书报检查的折磨"，采取一些巧妙的办法来斗争。他先给检查官送一些次要的文章，让他随意删改，又送一些长文章，弄得检查官无法耐心地看下去，只好马马虎虎地看一看就算了事。

有一次，检查官要带着妻女去参加省总督举办的舞会，但在赴会前，他自己必须完成对《莱茵报》的检查。可是恰好在这天晚上，清样没有在通常的时间内送来。检查官等了又等，已晚上11点了，他无可奈何地来到马克思的寓所。经过长时间的敲门后，才见马克思在三楼的一个窗户里探出头来。检查官气得大吼："清样！""没有！"马克思回答，"我们明天不出报！"砰的一声，马克思关上窗户。检查官只好灰溜溜地走了。

在《莱茵报》期间，马克思参加的政治斗争实践和他看到的大量社会现实，使他初步认识到了物质利益在社会生活中的决定性作用，意识到了社会关系的客观性，从而动摇了他对黑格尔关于理性国家和法的观念的信仰，成为促使他"去研究经济问题的最初动因"。而与他相比，柏林那批青年黑格尔派的饶舌者们却没有丝毫的长进，经常给报纸寄来

"一大堆毫无意义却自命能扭转乾坤的废料",马克思不得不把这样的稿件压下来,吁请他们少发些空论、少唱些高调,多注意些具体的现实,多提供些实际的知识。在这种情况下,马克思最终同青年黑格尔派分道扬镳了。

《莱茵报》与政府的对立逐渐公开化、尖锐化。1843年1月,普鲁士政府通过了查封《莱茵报》的法令。报纸的股东们被这一命令吓坏了,他们向马克思施加压力,要求改变报纸的"调子"。但是,马克思毫不妥协:

> "即使为了自由,这种桎梏下的生活也是令人厌恶的……伪善、愚昧、赤裸裸的专横以及我们的曲意奉承,委曲求全,忍气吞声,谨小慎微使我感到厌倦,总而言之,政府把自由还给我了。……在德国,我不可能再干什么事情……"

1843年3月18日,马克思发表辞职声明,离开了《莱茵报》。早在这年的1月,《哈雷年鉴》的出版者、青年黑格尔派的代表人物之一阿尔诺德·卢格就邀请马克思共同创办一份刊物——《德法年鉴》。马克思对这份杂志充满了期待,决定与卢格一起去巴黎开辟新的天地。

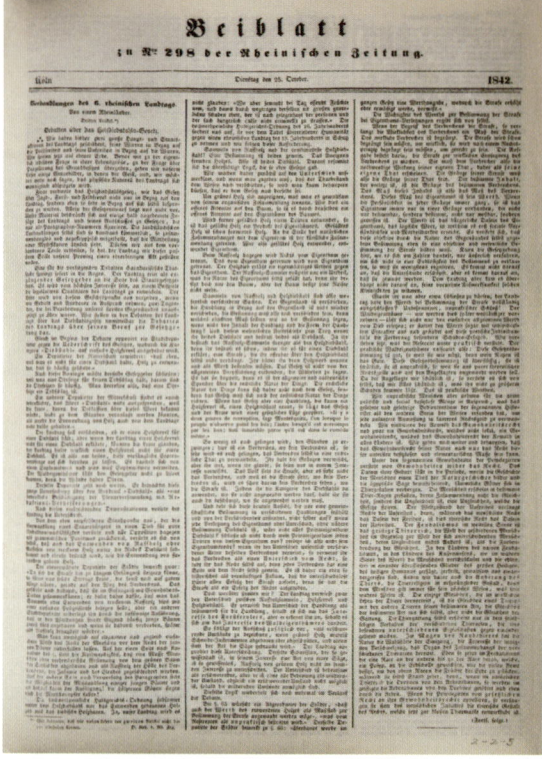

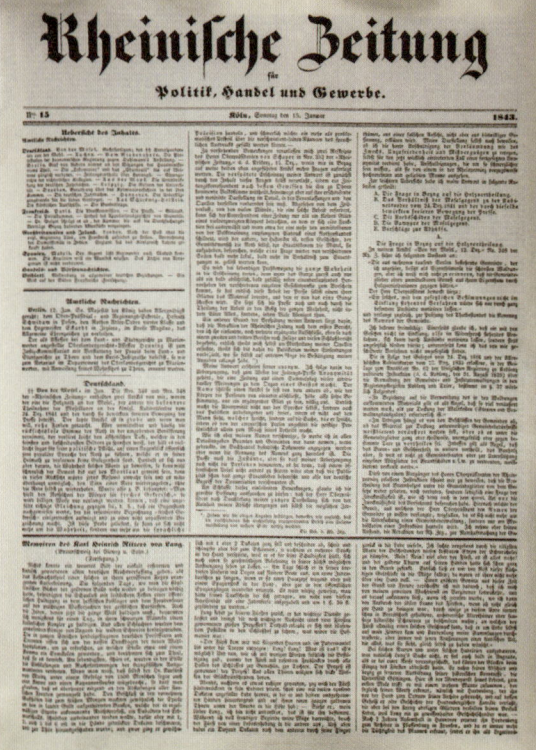

6　马克思1842年10月在《莱茵报》附刊上发表《关于林木盗窃法的辩论》一文，指出酿酒农民困苦的真正原因在于普鲁士君主制度本身。

7　19世纪40年代的砍柴妇女

8　马克思1843年1月15日在《莱茵报》上发表《摩泽尔记者的辩护》一文，指出莱茵省议会完全同林木占有者、私人所有者站在一个立场，因为它支持加倍惩罚那些为生活所逼而不得不砍些树木和捡拾枯枝的贫民。

9

10

9　摩泽尔农民酿酒的情形

10　1843年3月18日,《莱茵报》发表了马克思的辞职声明:"本人因现行书报检查制度的关系,自即日起,退出《莱茵报》编辑部,特此声明。马克思博士。1843年3月17日于科隆。"

"七月革命"后的巴黎,新旧势力的思想斗争依然浪潮汹涌,其程度之猛烈超过了欧洲任何地方,更不用说那死气沉沉的德国了。

1843年10月,马克思和他的新婚夫人燕妮来到塞纳河畔这个大都会的时候,金秋刚刚光临大地。

燕妮·冯·威斯特华伦,出身贵族家庭,比马克思大4岁,是马克思孩童时的玩伴。她从小受过良好教育,美貌和才智兼具,在家乡特里尔备受瞩目,身边围绕着许多爱慕者,但她倾慕马克思的品德和才华。早在马克思去柏林大学之前,两个人就冲破世俗观念的束缚秘密约定了终身。在大学期间,马克思给燕妮写了三本诗集,还有诉说思念之情的通信,宣泄着他那热情洋溢的浪漫主义和狂热的爱情。

但与两人的热恋相伴随的是长久的分离和来自各方面的压力。马克思在给卢格的信中曾说:

"我的未婚妻为了我而进行了极其激烈的、几乎损害了她的健康的斗争,一方面是反抗她的虔诚主义的贵族亲属,……一方面是反抗我自己的家族,那里盘踞着几个牧师和我的其他对手。"

去巴黎之前,1843年6月,马克思和燕妮终于在莱茵省的一个小镇克罗伊茨纳赫结婚了。结束了7年的苦恋,这对情深意笃、心心相印的恋人结合在了一起。此后,无论在何等艰苦坎坷的岁月里,两人的爱情始终坚贞不渝。燕妮"虽然出身于普鲁士贵族,却赞成丈夫的民主信念",她参与了当时的所有政治斗争,多年担任马克思的秘书,誊写手稿,受丈夫之托与人谈判,同外界通信。燕妮用自己的一生支持马克思所从事的伟大事业，实现着婚前的诺言："我甚至想象如果你失去了右手，……我便可以真正成为你必不可少的人，你将永远把我带在身边，而且爱着我。我想，那时我便能记录下你的全部可爱的绝妙的思想，成为一个真正对你有用的人。"

在克罗伊茨纳赫短暂的 3 个月里，即使沉浸在新婚的欢乐和幸福之中，马克思也没有停止自己的思想探索，而是从"社会舞台退回到书房"，阅读了大量的历史学著作以及国家和法的理论著作，做了摘录笔记。特别是他受到费尔巴哈唯物主义哲学的启发，对黑格尔法哲学进行了彻底的反思，撰写了《黑格尔法哲学批判》这部重要手稿。

"我的研究得出这样一个结果：法的关系正像国家的形式一样，既不能从它们本身来理解，也不能从所谓人类精神的一般发展来理解，相反，它们根源于物质的生活关系，这种物质的生活关系的总和……概括为'市民社会'，而对市民社会的解剖应该到政治经济学中去寻求。"

这部手稿为马克思创立唯物史观奠定了第一块基石。

巴黎左岸圣杰曼区的一个安静的街区，是 19 世纪中叶许多德国移民聚居的地方。这个区的瓦诺街 23 号，马克思一家被卢格邀请住到这里。卢格想请马克思一家和另外两家人加入到他和妻子建立的"空想共产主义村庄"来。在这栋房子里，每个家庭都有独立的生活空间，共用厨房和餐厅，由妇女轮流承担家务。但是，这种共同体生活维持了不到两周，马克思一家就搬走了。

11　忠贞的爱情（水粉画）张文新。1841年春，马克思从柏林大学毕业以后，回到特里尔。他和燕妮在多年分离后，本来打算立即结婚，但由于普鲁士当局加紧镇压自由民主运动，马克思在波恩大学任教的计划落空，工作一时无着，加之马克思父亲去世后，家庭经济状况不佳，因此不得不延缓婚期，燕妮对此深为谅解。

12　1840年前后的克罗伊茨纳赫。1843年5月，马克思来到莱茵省的小镇克罗伊茨纳赫（当时燕妮和她的母亲住在这里）。6月19日，马克思和燕妮举行了婚礼。两人在这里度过了几个月的新婚生活。

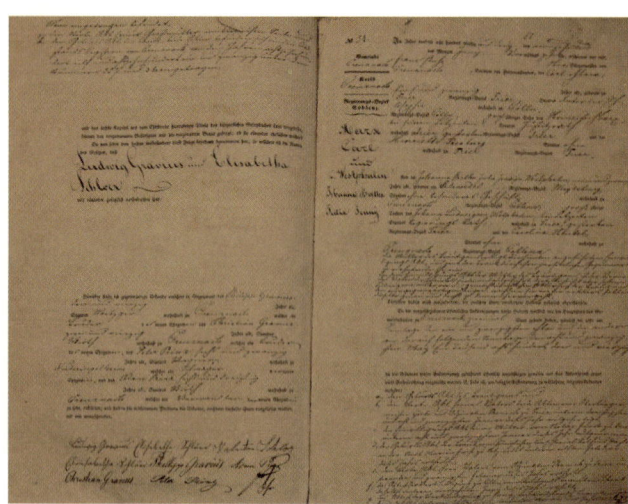
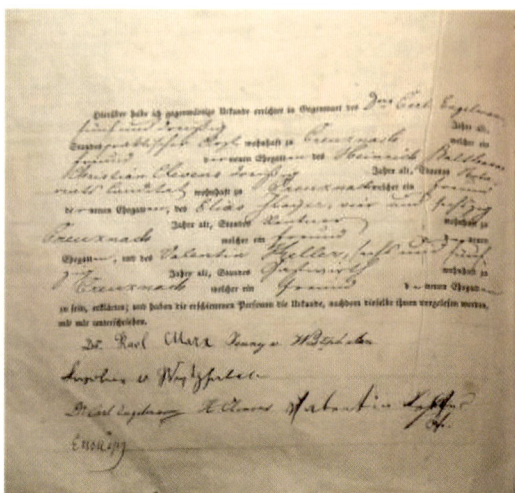

13

13 马克思和燕妮婚姻登记簿上的签名

14 在克罗伊茨纳赫，马克思进行了紧张的理论研究工作。他研究了有关国家的理论和历史，分析了英、法、德、美、意、瑞士等国的发展历史，做了大量摘录，写了五本《克罗伊茨纳赫笔记》。这是《克罗伊茨纳赫笔记》中的部分内容。

15 共赴巴黎（石版画）文国璋。1843年金秋10月，马克思和燕妮离开德国，来到法国巴黎开辟新的斗争道路。

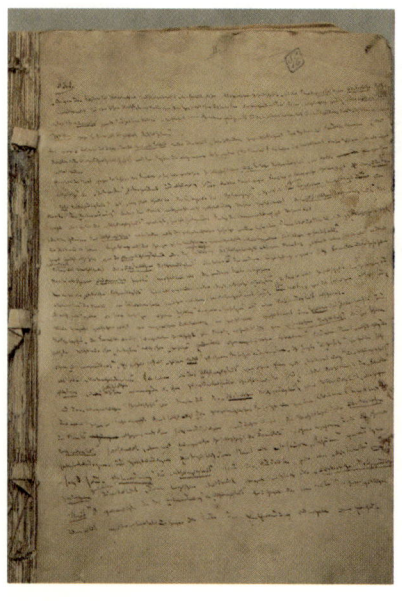

14

1844年2月，马克思和卢格筹办的《德法年鉴》在巴黎出版了。这本厚厚的杂志上发表了马克思的两篇重要理论文章《论犹太人问题》和《〈黑格尔法哲学批判〉导言》。

在《导言》中，马克思提出了一个重要论点：

"批判的武器当然不能代替武器的批判，物质力量只能用物质力量来摧毁；但是理论一经掌握群众，也会变成物质力量。理论只要说服人，就能掌握群众；而理论只要彻底，就能说服人。""哲学把无产阶级当做自己的物质武器，同样地，无产阶级也把哲学当做自己的精神武器。"

在这里，马克思把无产阶级作为改造世界的物质力量，并首次阐述了人类解放与无产阶级的历史使命，标志着马克思完成了从唯心主义向唯物主义、从革命民主主义向共产主义的转变。

《德法年鉴》出版了一期合刊，就让普鲁士当局慌了手脚。政府通令各省省长严守边境线，用一切手段阻止这个杂志入境。普鲁士反动政府无法在巴黎抓到马克思，但在莱茵河的汽艇上，在德法边境线上，警察没收了几百本《德法年鉴》。同时，由于马克思和卢格之间在编刊上的思想分歧和财务上的纠纷，《德法年鉴》不得不停刊。这使得马克思的经济状况陷于艰难的境地。

　　《德法年鉴》停刊后，马克思有了充足的时间。他深入研究了英国古典政治经济学和空想社会主义的著名代表人物的著作，研究了法国革命史，考察了法国工人运动。他还经常参加工人集会，与工人运动活动家和社会主义著作家来往。诗人亨利希·海涅是马克思一家的常客，他们差不多天天见面。每一次海涅都会坐在壁炉旁边，朗诵自己的新作，并听取马克思和燕妮的意见。他们的意见对海涅产生了深刻的影响。

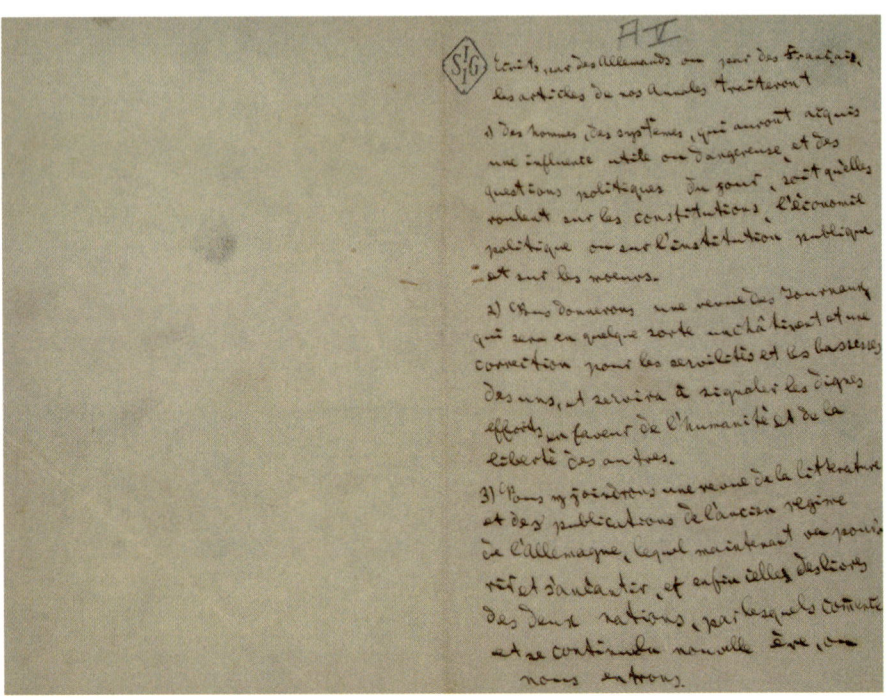

16

16 《德法年鉴》办刊方案。马克思大约写于1843年10月中至1844年2月底,他在阐明杂志的任务时表明了自己的思想倾向。1843年初春,马克思打算同青年黑格尔分子、曾先后主办过《哈雷年鉴》和《德国年鉴》的阿·卢格共同出版一份新杂志《德法年鉴》作为德法两国民主主义者的刊物。1843年5月底,马克思赴德累斯顿会见卢格,商谈有关未来杂志的方针问题。

17　1844年马克思和卢格在巴黎合办的《德法年鉴》出版。马克思在《德法年鉴》上发表了《论犹太人问题》和《〈黑格尔法哲学批判〉导言》，这两篇文章表明马克思已从唯心主义转到唯物主义，从革命民主主义转到共产主义。

18　发表在《德法年鉴》上的《论犹太人问题》

19　发表在《德法年鉴》上的《〈黑格尔法哲学批判〉导言》

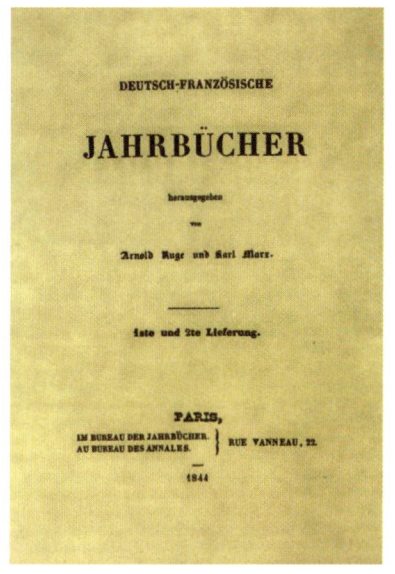
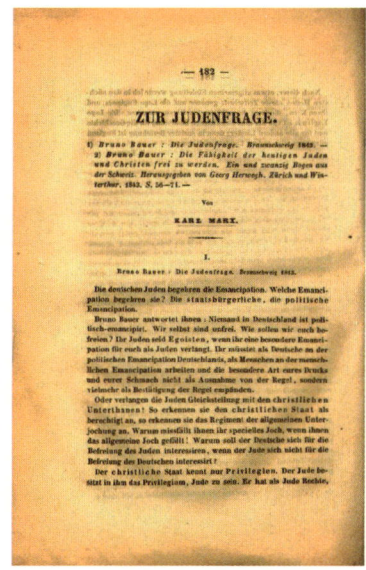
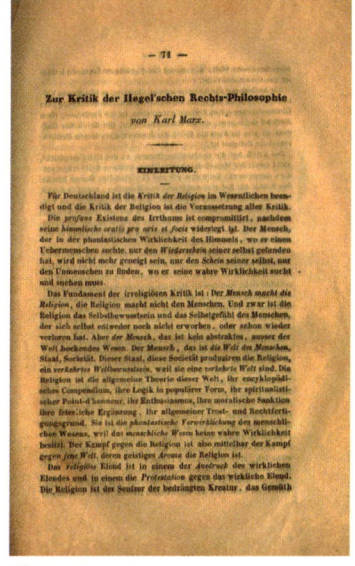

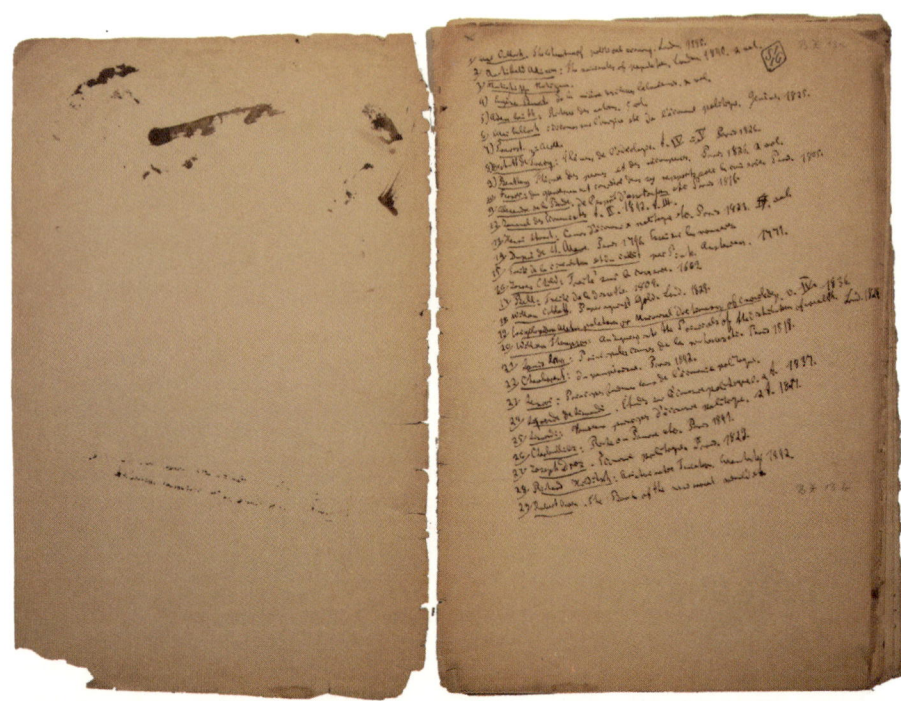

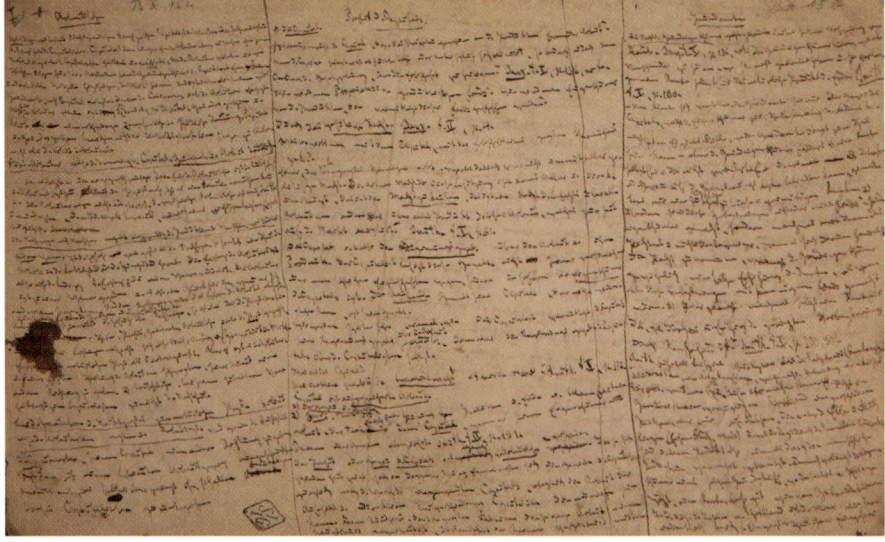

20

20 《1844年经济学哲学手稿》。在巴黎,马克思深入研究了法国革命史和英国古典政治经济学,其中包括亚·斯密和大为·李嘉图等人的著作。1844年4—8月,他在总结研究成果的基础上写了《1844年经济学哲学手稿》。这部手稿虽没有完成,但在马克思主义形成过程中占有重要的地位。

21 马克思在巴黎的时候,经常参加工人活动,了解他们的生活状况。图为巴黎工人集会时的情景。

23

22 和诗人海涅在一起（木刻）张桂林。马克思侨居巴黎期间，结识了德国诗人亨利希·海涅。海涅经常拜访马克思夫妇，在狭窄的住所里，他们朗读诗歌、讨论社会问题，彼此相得益彰。

23 海涅1846年9月21日给马克思的信

第三章

马克思主义的诞生

巴黎法兰西剧院广场边,有一家著名的"雷让斯咖啡馆",它出名不仅是因为具有法国摄政时期的风格,而且像伏尔泰、富兰克林、狄德罗等世界知名人物都曾光顾过这里。更具有历史意义的是,1844年8月底,马克思主义的两位奠基人马克思和恩格斯在这里进行了不同寻常的会见,从此开始了两个人毕生的伟大友谊和亲密合作。

弗里德里希·恩格斯,1820年11月28日出生在德国莱茵省的巴门市。他的父亲是一位精明能干的工场主,一心希望儿子子承父业,发展家族企业。所以,恩格斯中学还没有毕业就被父亲送去学习经商。然而,恩格斯并不屈从于父亲的安排。他是拥有过人天赋和热爱学术的青年,广泛涉猎历史、文学、哲学和语言。通过勤奋的自学,恩格斯成为一位没有得过任何学位但却才华横溢、见识卓远的年轻学者。

同马克思一样,恩格斯起初也醉心于黑格尔哲学,后来又在费尔巴哈的影响下批判地总结了黑格尔学说,走向了唯物主义。他在自己的早期作品中,已经小露锋芒。早在1842年11月,恩格斯在被父亲派往英国的途中就曾拜访过《莱茵报》编辑部并同马克思进行过简短的交谈。

但是，当时马克思误会恩格斯是青年黑格尔派的同盟者，初次会面两人并不愉快。

此后的两年，恩格斯在英国工作期间，不仅研究了大量政治经济学文献，深入了解现代工业社会，还实地考察了产业工人的生活状况，撰写调研文章。他在《德法年鉴》上发表的《国民经济学批判大纲》和《英国状况》，表明恩格斯完成了从唯心主义向唯物主义、革命民主主义向共产主义的转变。特别是《国民经济学批判大纲》给马克思以深刻启发，并且直接推动马克思去研究政治经济学，写出了马克思主义形成阶段的重要著作《1844年经济学哲学手稿》。恩格斯也从《德法年鉴》的文章中了解了马克思的观点，对马克思知识的广博、分析问题的深刻、思想的独到十分钦佩。因此，这次在巴黎的会见是两个人期待已久的事情。

在马克思家中，两个人长时间地亲密交谈，发现"在一切理论领域的完全一致是很明显的"，彼此越来越舍不得分开。恩格斯就在马克思家里住了下来，一住就是十天，形影不离，抓住所有时间探讨理论问题。

1　人间知己（中国画）王为政。1844年8月,恩格斯在从英国返回德国途中来到巴黎,拜访了马克思,从此他们结成了为共产主义事业共同奋斗的伟大友谊。

马克思和恩格斯决定合写一本讽刺性小册子,彻底批判黑格尔思辨唯心主义,清算青年黑格尔分子的观点。一向敏于综合、写作快捷的恩格斯很快就写完了自己负责的部分,而马克思却按照自己的习惯,反复斟酌、深思熟虑,过了一段时间后才拿出自己的完稿。结果,预定的小册子变成了一部深奥的大书。1845年2月,马克思和恩格斯合著的第一部理论巨著《神圣家族》在法兰克福出版。书中初步阐述了唯物史观的一些重要思想,指出在历史发展进程中起决定作用的是物质生产,强调"历史活动是群众的活动","无产阶级能够而且必须自己解放自己"。列宁认为这部著作"奠定了革命唯物主义的社会主义的基础"。

恩格斯回到巴门后,心情久久不能平静,他既兴奋于找到了人生难逢的知己,也十分怀念马克思一家温馨的气氛。他写信给马克思说:

"自从分手以后,我再也没有像在你家里度过的10天那样感到心情愉快,感到有人情味。"

2　马克思和恩格斯合著的《神圣家族》第一版

巴黎的德国流亡者创办了一份激进的报纸《前进报》，这份报纸发表了大量尖锐的批判文章，惹恼了普鲁士当局。普鲁士当局给法国政府施加压力，要求驱逐这些激进的"危险分子"。马克思也在被驱逐名单中，因为他经常给《前进报》撰写文章。1845 年 2 月初，马克思被驱逐出巴黎，在一个寒冷的冬日只身一人流亡到布鲁塞尔。这是马克思第一次遭受驱逐。

3 1844年巴黎出版的《前进报》的一页，上面载有马克思《批判的评注》一文。

4 描述马克思特征的通缉令。1845年1月16日，法国政府在普鲁士政府唆使下下令驱逐马克思等人。一天，警察闯进了马克思家，勒令他24小时内离开巴黎。这时燕妮正在患病，女儿小燕妮刚满8个月。

5 马克思在布鲁塞尔被捕（素描）茹科夫

马克思初到布鲁塞尔时，还发生了这么一件事。比利时当局要求马克思作出不就该国发表任何政论的书面保证，否则不能留在比利时，马克思只能同意了。但是，普鲁士当局并没有放过马克思，要求比利时驱逐马克思。在这种情况下，马克思宣布放弃普鲁士国籍。从此，马克思一生成为没有任何国籍的人。正像他后来说的，"我是世界的公民，我走到哪儿就在哪儿工作。"

比利时首都布鲁塞尔，因其美丽而享有"小巴黎"的赞誉。布鲁塞尔大广场，被法国作家维克多·雨果誉为欧洲最美丽的都市广场。马克思住进了离广场不远的奥尔良路 50 号。

马克思被驱逐出巴黎的消息传到了巴门。恩格斯为朋友的遭遇感到气愤，立即设法帮助马克思，替马克思募捐。

募捐工作进行得比较顺利。恩格斯把募集来的钱寄给马克思。但是，恩格斯担心这些钱还不够使马克思在布鲁塞尔安顿下来，又把自己《英国工人阶级状况》一书得来的稿费全部交给马克思。

恩格斯非常希望分担马克思的困难，更希望在这患难的时刻和他在一起。1845 年春，恩格斯也赶到布鲁塞尔，与马克思会合，选择在马克思的隔壁租住下来。

6

6 19世纪的布鲁塞尔

7 马克思一家在布鲁塞尔住过的房子。1845年2月至1848年3月,马克思在这里生活和从事革命活动。

7

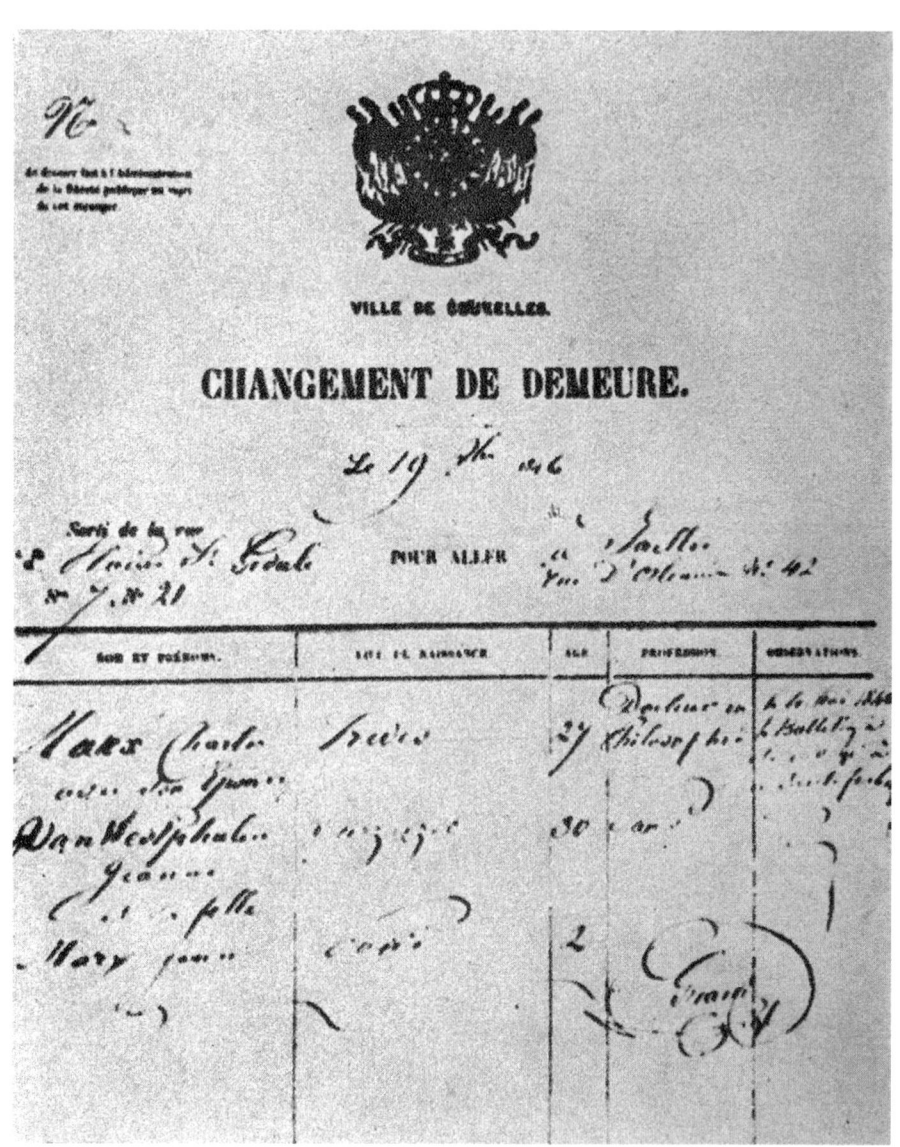

8　马克思在布鲁塞尔的户口登记卡

马克思刚在布鲁塞尔安定下来,就写作完成了《关于费尔巴哈的提纲》。恩格斯称之为"包含着新世界观的天才萌芽的第一个文献"。《提纲》对旧唯物主义的批判清楚地表明,马克思在清算了青年黑格尔派之后,又开始了对费尔巴哈哲学的清算。马克思提出的科学实践观,为自己全面创立和阐发新世界观,特别是新历史观打下了坚实的基础,堪称"历史唯物主义的起源"。《提纲》结尾处,马克思提出:

"哲学家们只是用不同的方式解释世界,问题在于改变世界。"

如今,这句话被镌刻在了马克思的墓碑上,成为马克思思想特质和革命一生的生动写照。

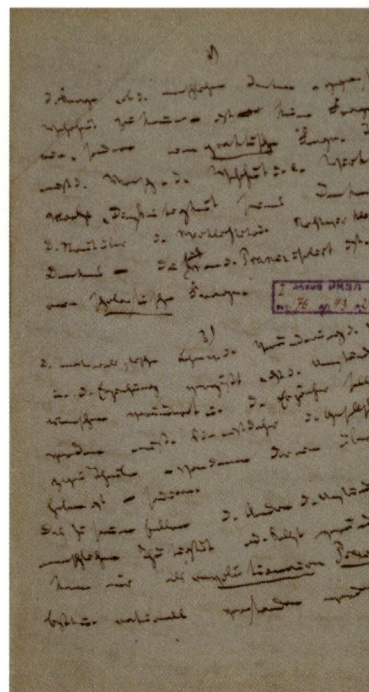

9 《关于费尔巴哈的提纲》手稿。《关于费尔巴哈的提纲》是马克思于1845年春在布鲁塞尔写成的批判费尔巴哈的11条提纲,马克思生前未曾发表。原题为"关于费尔巴哈",马克思在批判费尔巴哈和一切旧唯物主义的基础上概述了自己的新的世界观。

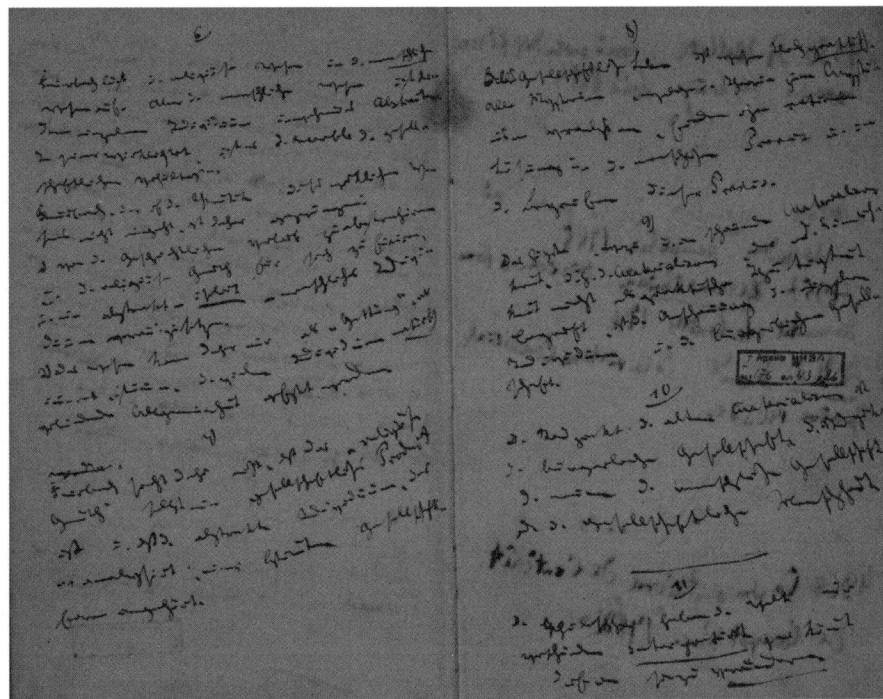

恩格斯来到布鲁塞尔后，马克思和恩格斯商定，要写一部批判德国哲学和德国"真正的社会主义"的论战性著作。两人经常一起讨论到深夜，吵得邻居无法入睡。这部著作就是《德意志意识形态》。马克思和恩格斯系统阐述了历史唯物主义，揭示了人类历史发展的一般规律，论证了共产主义取代资本主义的历史必然性，提出了无产阶级夺取政权、消灭私有制、建设社会主义新社会的任务。这部重要著作是马克思和恩格斯布鲁塞尔会晤的最大成果。但这部著作当时未能出版，直到1932年才第一次公开发表。

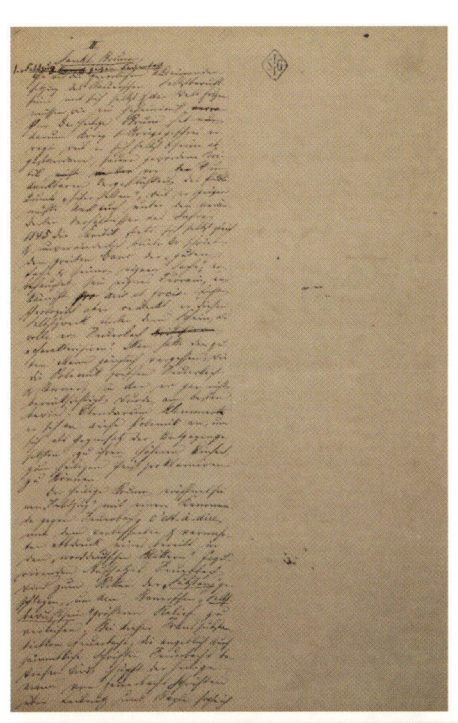

10　马克思和恩格斯合著的《德意志意识形态》手稿中的几页。《德意志意识形态》是马克思和恩格斯于1845—1846年合写的重要哲学著作,批判了青年黑格尔派布·鲍威尔、麦·施蒂纳等人的唯心主义,揭露了德国所谓"真正的社会主义"的反动面目,指出了费尔巴哈的唯物主义的不彻底性。书中还提出并论证了历史唯物主义的许多重要思想,论证了无产阶级的世界历史作用,第一次突出了无产阶级夺取政权的任务。这部手稿当时因为找不到出版人而未能发表,马克思曾幽默地说,既然自己已经弄清问题,那么就情愿让手稿"留给老鼠的牙齿去批判了"。

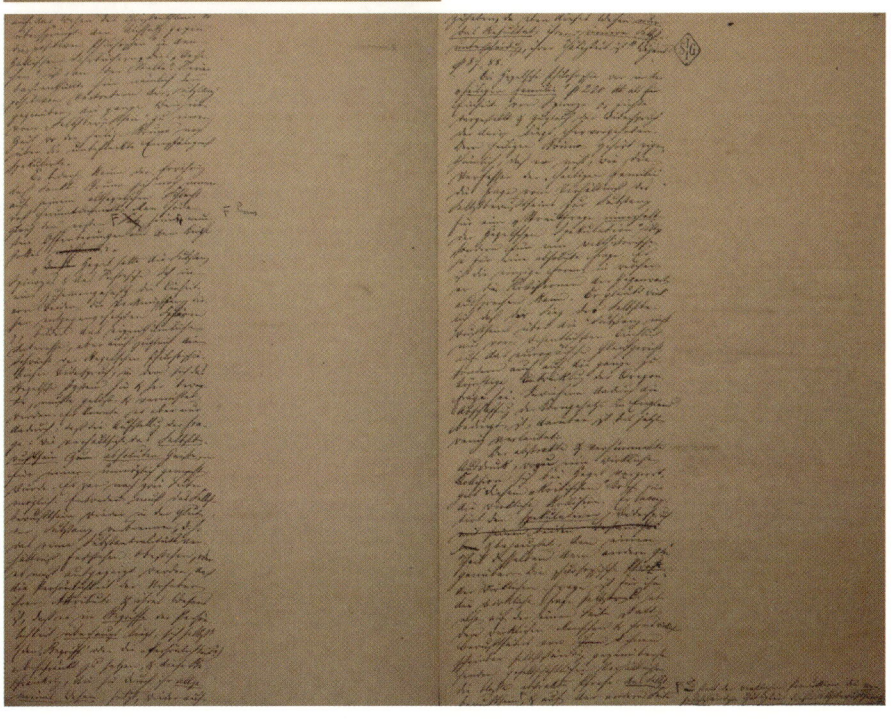

蒲鲁东是法国的政论家、小资产阶级社会主义者、改良主义者，当时在工人运动中影响很大。1846年，他发表了《贫困的哲学》，企图以政治经济学来论证自己的改良主义思想，反对工人阶级的革命斗争。马克思读了这本书后，评价这是"一本坏书，一本很坏的书"。为此，马克思写作了《哲学的贫困》。在这本书中，马克思批判了蒲鲁东经济学的哲学基础，阐述了马克思主义哲学的基本思想，他还批判了蒲鲁东的经济理论，初步阐述了科学的劳动价值论。特别是在批判蒲鲁东的小资产阶级改良主义的同时，阐述了阶级斗争和无产阶级革命的理论。马克思指出，无产阶级在同资产阶级展开政治斗争中，将组织自己强大的政党，聚集和发展未来战斗的一切要素。

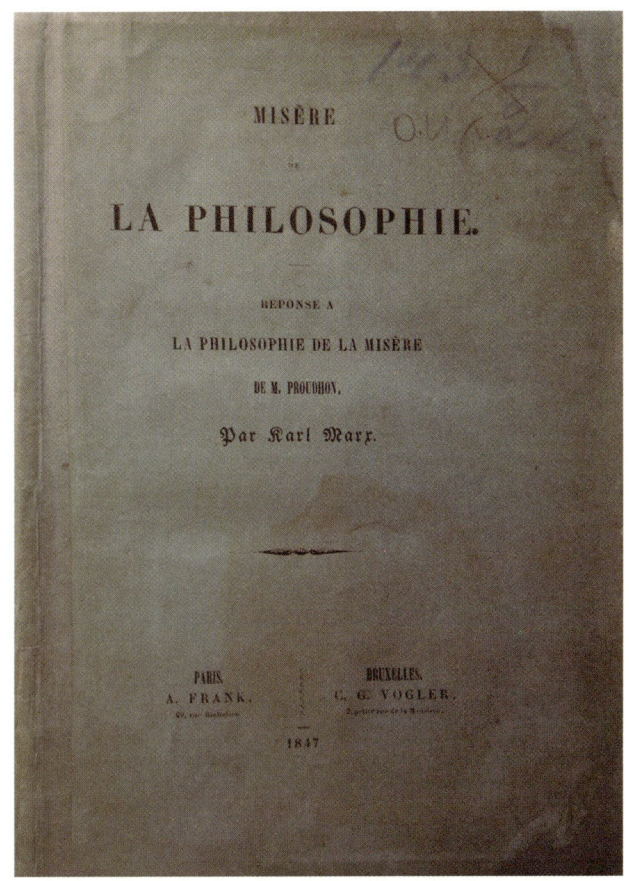

11

11 《哲学的贫困》第一版封面。1846年，蒲鲁东发表了《贫困的哲学》一书，系统地宣扬他的改良主义观点。1847年上半年，马克思针对他的错误观点和唯心主义形而上学的方法论，写了《哲学的贫困》一书，深刻地阐明了科学社会主义的基本原理，指出资本主义社会终将为社会主义社会所代替。

马克思和恩格斯的这些理论，为创建无产阶级政党作了思想上的准备。由此，创建无产阶级政党的工作，被提到了重要议事日程上来。

天鹅饭店坐落在布鲁塞尔广场上，是一座五层建筑，门额上饰有一只展翅欲飞的白天鹅，至今还保持着当年的模样。现在天鹅饭店的外墙上悬挂着一个铭牌，上面标明："马克思自1845年2月至1848年3月住在布鲁塞尔。他曾跟德意志工人协会和民主协会一起，在此地欢度1847—1848年的新年之夜。"现在，在天鹅饭店一楼角落里有个座位，椅子后面贴了一个铜牌，上面写着"Karl Marx"，作为对马克思永远的纪念。

天鹅饭店一层有一个小咖啡馆，马克思和恩格斯几乎每晚都要来光顾。经常到这里来的还有赫斯、载勒尔、魏特林等流亡革命者。这里成为他们开展革命活动的主要场所。正是在这里，马克思和恩格斯策划创建了共产主义通讯委员会，着手和各国社会主义者及革命工人团体建立联系，交流思想，联合起来建立无产阶级政党。

马克思和恩格斯以布鲁塞尔共产主义通讯委员会为中心，在柏林、汉堡等许多德国城市和英国、荷兰、丹麦等国建立了共产主义通讯委员会。参加这些组织活动的，有德国、波兰、英国、比利时等国的共产主义者和工人运动活动家。

同布鲁塞尔共产主义通讯委员会联系最为密切的工人组织是正义者同盟。正义者同盟原是侨居法国的德国手工业者的组织，1836年成立于巴黎，在英国、德国、瑞士等国家都设有支部，正义者同盟实际上是一个国际性革命组织。这个组织刚成立的时候，没有正确的革命理论指导，受到了各种冒牌社会主义思潮的影响。

1843 年到 1845 年之间，正义者同盟曾多次邀请马克思和恩格斯加入同盟。但由于当时同盟在理论上接受马克思主义的倾向还不明显，在组织上还保留着宗派主义的密谋组织形式，马克思和恩格斯没有加入。

1845 年夏天，马克思和恩格斯一起去了英国，在那里作了六个星期的考察。在伦敦期间，恩格斯介绍马克思认识了沙佩尔、莫尔等正义者同盟的领导人。此后，他们经常通信联系。

此时，正义者同盟领导层分成了相互对立的两派，一派以魏特林等人为代表，一派以沙佩尔等人为代表。魏特林原来是正义者同盟的思想领袖，主张平均共产主义。在关于正义者同盟的纲领讨论中，两派产生了分歧。在这个过程中，沙佩尔等人逐渐认识到了魏特林空想共产主义的缺陷，认为马克思和恩格斯的观点是正确的。

1846 年 5 月，在马克思和恩格斯的建议下，伦敦正义者同盟建立了伦敦共产主义通讯委员会。

正义者同盟请求马克思和恩格斯把布鲁塞尔共产主义通讯委员会的工作计划告诉他们。在得到马克思和恩格斯的回信后，莫尔等人于 1846 年 7 月 7 日给马克思写了回信，信中说："你们通讯委员会的建立和全部计划的内容都是我们极为赞成的，但最使我们高兴的是你们所提出的召开共产主义者代表大会的设想，我们认为这是使我们的宣传取得力量和一致的唯一途径。"

12　马克思和恩格斯与英国工人交谈（油画）高莽。1845年7月，马克思在恩格斯陪同下，用一个多月的时间访问了世界工业最发达的英国。他们在曼彻斯特和伦敦考察了资本主义社会所特有的各种问题，会晤了宪章派和正义者同盟的领袖，阅读了大量新的科学文献，特别是经济学文献。

13

14

13　曼彻斯特古老的切特姆图书馆。马克思、恩格斯在19世纪40年代曾来这里查阅资料和从事写作。

14　马克思、恩格斯在切特姆图书馆阅览室曾使用过的书桌。恩格斯在给马克思写的信中回忆此事说:"最近几天我又坐在小楼凸窗处的方形斜面桌前勤奋地工作,这是我们二十四年前曾坐过的地方,我很喜欢这个位置,因为那里有彩色玻璃,阳光始终充足。"

15 "民主派兄弟协会"会员证。1845年8月,马克思和恩格斯在伦敦期间,参加了有宪章派、正义者同盟盟员和英国民主派领导人参加的聚会。恩格斯在会上发表演说,支持建立一个国际性革命组织。9月22日,这样的组织在伦敦成立,取名"民主派兄弟协会"。

16

16 马克思。1846年2月,马克思和恩格斯为了筹建工人阶级政党,广泛宣传共产主义思想,加强同各国先进分子的联系,建立了布鲁塞尔共产主义通讯委员会,由马克思、恩格斯、菲力浦·日果（比利时共产主义者）组成领导核心。成员有约瑟夫·魏德迈、威廉·沃尔弗、埃德加·冯·威斯特华伦、斐迪南·沃尔弗、赛巴斯提安·载勒尔、路易·海尔堡等人。有一个时期,魏特林也是该委员会的成员。委员会同各地工人活动家和组织建立了密切联系,并在一些城市建立了共产主义通讯委员会。

17

17　恩格斯

18 同魏特林决裂(中国画)纪清远。魏特林的空想共产主义学说在科学共产主义产生以前的工人运动中起过积极作用,马克思曾对此作过高度评价。但魏特林不能揭示社会发展的客观规律,他把共产主义革命本身简单地理解为自发的暴动,反对建立无产阶级政党,否认在德国这样的国家进行资产阶级民主革命的必要性。马克思曾多方帮助他,但他坚持错误不改。1846年3月30日,在布鲁塞尔共产主义通讯委员会的一次会议上,马克思对他进行了尖锐的批评,指出"无知从来也不能帮助任何人!"

19 《反克利盖的通告》,上有埃德加·冯·威斯特华伦、威廉·沃尔弗等人的签名。"真正的社会主义"是19世纪40年代德国小资产阶级社会主义流派。它美化宗法式的小土地所有制,把共产主义学说歪曲为普遍的宗教之爱,以超阶级的"博爱""人性"等道德说教代替革命的阶级斗争。1845年,"真正的社会主义"的代表人物、德国新闻记者海尔曼·克利盖(1820—1850)在美国创办报纸,宣扬"真正的社会主义"的所谓普遍的爱和兄弟合作思想。1846年5月11日,布鲁塞尔通讯委员会不顾魏特林的反对,通过马克思和恩格斯起草的《反克利盖的通告》,对克利盖的言行作了无情批判。

20 1947年9月12日,马克思的《〈莱茵观察家〉的共产主义》和恩格斯的《诗歌和散文中的德国社会主义》开头部分刊载在《德意志—布鲁塞尔报》上。

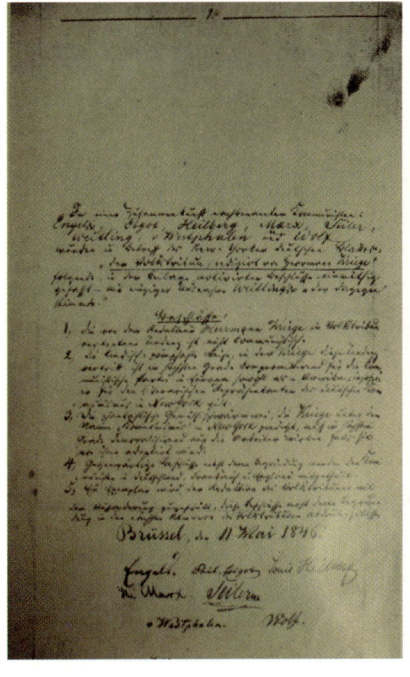

19 20

1847年初的一天，一个中等身材、工人模样的人风尘仆仆地来到布鲁塞尔马克思家里。这个人正是莫尔。这一次他作为正义者同盟的特使，从伦敦带来了正义者同盟给马克思和恩格斯的信函，恳切邀请他们加入并帮助改组同盟。

莫尔向马克思和恩格斯明确表示：同盟领导者确信他们的理论具有普遍的正确性；如果参加同盟，马克思和恩格斯可以在即将举行的代表大会上阐述自己的观点，然后作为同盟纲领发表。

马克思和恩格斯意识到，同盟领导人的思想确实已经发生重大的改变，如果他们参加同盟，有可能对同盟产生更大的影响，按照科学社会主义的原则彻底改组这个国际性的工人组织，使之成为无产阶级政党。在这种情况下，马克思和恩格斯接受了邀请，加入了同盟。

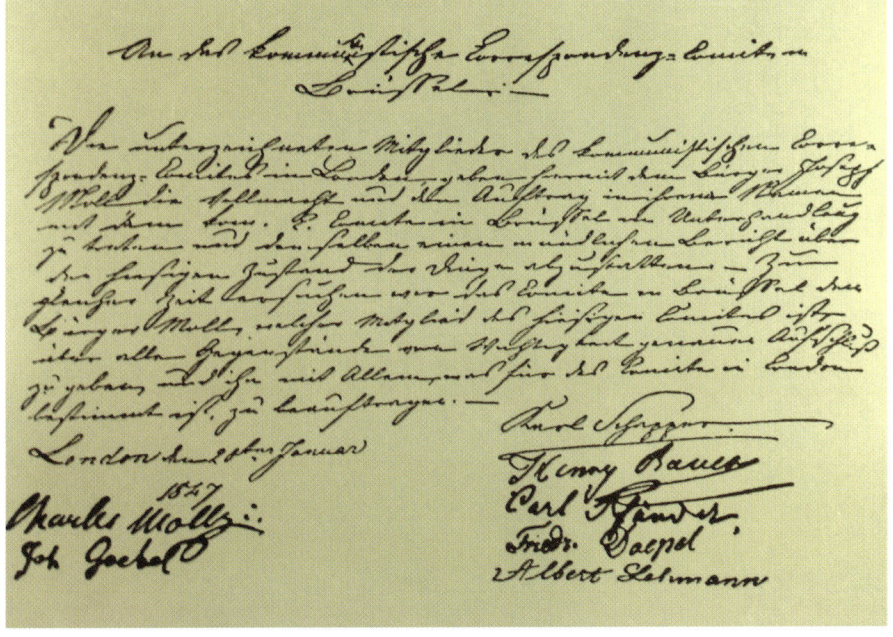

21　正义者同盟给约瑟夫·莫尔的委托书。1847年1月20日，正义者同盟委托约瑟夫·莫尔同马克思和恩格斯商谈，邀请他们加入同盟。马克思和恩格斯在确信同盟领导者愿意改组同盟并接受科学共产主义原理作为纲领的基础之后，同意加入同盟。1847年6月2—9日，在同盟第一次代表大会上，正义者同盟改组为共产主义者同盟。

1847年6月，正义者同盟在伦敦红狮旅馆召开了第一次代表大会。恩格斯参加了会议，马克思因为经济困难，没有参加会议。这次大会根据马克思和恩格斯的提议，把"正义者同盟"的名称改为"共产主义者同盟"，并把同盟原来的口号"人人皆兄弟"改为"全世界无产者，联合起来！"同盟章程还把推翻资产阶级，建立无产阶级统治确立为革命目标。第一个以共产主义命名的无产阶级政党诞生了，这是第一个国际性无产阶级革命组织。

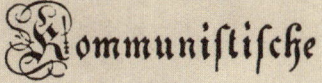

22 《共产主义杂志》是共产主义者同盟的机关刊物,1847年9月在伦敦出版。在这个杂志上第一次出现马克思和恩格斯提出的战斗口号:"全世界无产者,联合起来!"

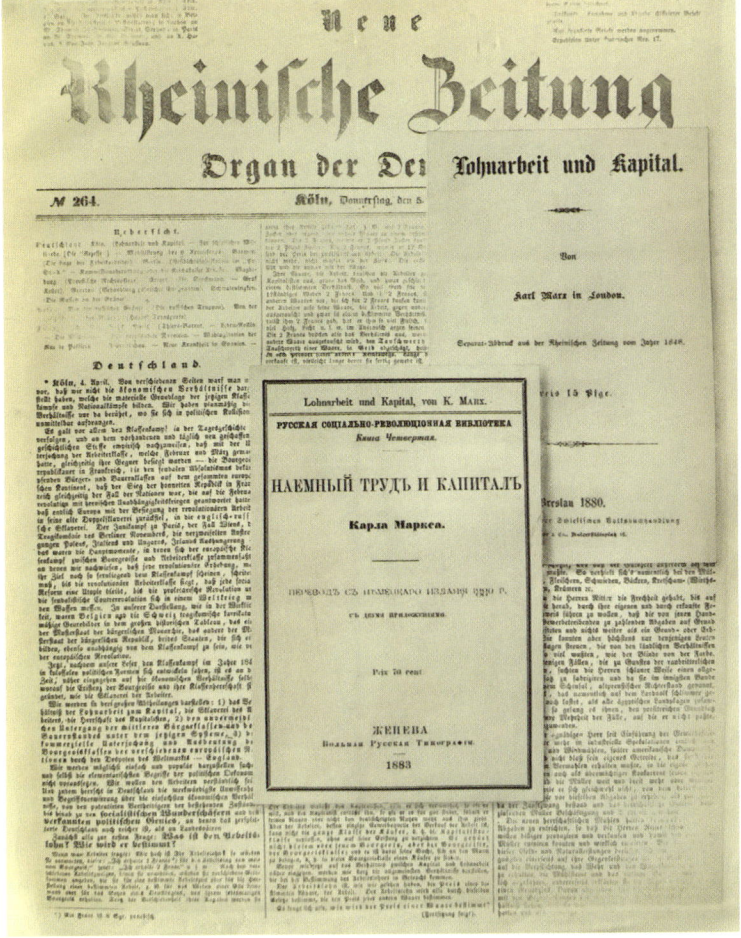

24

23 二十九岁的"马克思老爹"(铜版画)曹剑峰。根据马克思和恩格斯的倡议,1847年8月底在布鲁塞尔成立了德意志工人协会,参加者主要是德国工人流亡者。每星期三和星期日的晚上,协会就在"天鹅饭店"开展活动,马克思经常参加,做报告,与工人谈心。由于马克思学识渊博,关心工人疾苦,人们把这位29岁的青年尊称为"马克思老爹"。

24 《雇佣劳动与资本》。1847年底,马克思在布鲁塞尔德意志工人协会做了一系列关于政治经济学的讲演。讲演的大部分内容以《新莱茵报》社论的形式于1849年4月5—8日和11日首次发表,标题为《雇佣劳动与资本》。1880出版德文版,1883年出版俄文版,1891年这部著作由恩格斯校订并作序重版。

共产主义者同盟虽然成立了，但是这个政党还没有自己的纲领。此前，同盟曾起草过几份纲领，但都没有达成一致意见。同盟的领导人为了克服组织内部的思想混乱，决定依靠马克思和恩格斯来制定一个科学的纲领。1847年底，共产主义者同盟第二次代表大会通过决议，委托马克思和恩格斯起草同盟纲领。

《共产党宣言》是当年马克思在天鹅饭店的咖啡馆写的。1847年12月中旬，马克思和恩格斯接受为共产主义者同盟写纲领的任务后，就带着大会移交给他们的资料文件回到布鲁塞尔。他们每天都在这个咖啡馆里热烈商讨如何起草同盟纲领。

在此之前，恩格斯曾经为正义者同盟起草过《共产主义信条草案》。在征求了同盟代表的意见后，又写了《共产主义原理》。《原理》是采取教义问答形式写作的，恩格斯对此不太满意。他认为这种形式不太适合党纲的要求，主张抛弃教义问答的形式，并建议称为《共产主义宣言》。

马克思和恩格斯就《宣言》的内容、结构和表达方式，进行了详细研究。拟订了宣言大纲后，恩格斯于12月底赶赴巴黎。由马克思执笔写作《宣言》。一个月后，《宣言》终于写作完成。

"一个幽灵，共产主义的幽灵，在欧洲游荡。"

"现在是共产党人向全世界公开说明自己的观点、自己的目的和自己的意图的时候了。"

"资产阶级的灭亡和无产阶级的胜利同样是不可避免的。"

"全世界无产者，联合起来！"

《宣言》运用唯物史观和马克思主义的政治经济学说，对人类社会的历史，特别是资本主义社会，进行了深刻的剖析，并在总结工人运动经验的基础上，全面阐述了科学社会主义的基本思想，同时也对形形色色的社会主义思潮进行了深刻的分析和批判，彻底划清了科学社会主义和这些思潮的原则界限。《宣言》宣告了马克思主义的正式诞生。

1848年1月底，马克思将《宣言》手稿寄往伦敦。收到手稿后，同盟负责人沙佩尔在伦敦主教路利物浦街46号的一个小小印刷所里亲自负责了校对和印刷。2月底，《宣言》第一版以德文出版。

起初《宣言》发表时并未标明作者的名字。1850年，英国宪章派的机关刊物《红色共和党人》刊载《宣言》的第一个英文译本时，在序言中第一次指出了作者的名字。

《宣言》公开出版了。虽然各国反动派想方设法进行扼杀，反对派也千方百计进行诋毁，但《宣言》提出的共产主义学说却以星星之火燎原之势向全世界扩散。《宣言》用各种优美的语言公开地、胜利地传播开来。

25

25　天鹅饭店

26　在共产主义者同盟第二次代表大会上（中国画）王明明。1847年11月29日至12月8日，共产主义者同盟举行第二次代表大会。马克思和恩格斯作为代表出席了这次大会，并受托以宣言的形式起草同盟的纲领。

第三章 | 马克思主义的诞生

26

Statuten des Bundes der Kommunisten.

Proletarier aller Länder vereinigt Euch!

Abschnitt I. Der Bund.

Art. 1. Der Zweck des Bundes ist der Sturz der Bourgeoisie, die Herrschaft des Proletariats, die Aufhebung der alten, auf Klassengegensätzen beruhenden bürgerlichen Gesellschaft und die Gründung einer neuen Gesellschaft ohne Klassen und ohne Privateigenthum.

Art. 2. Die Bedingungen der Mitgliedschaft sind:
A) diesem Zweck entsprechende Lebensweise und Wirksamkeit;
B) revolutionaire Energie und Eifer der Propaganda;
C) Bekennung des Kommunismus;
D) Enthaltung der Theilnahme an jeder antikommunistischen, politischen oder nationalen Gesellschaft und Anzeige der Theilnahme an irgend welcher Gesellschaft bei der vorgesetzten Behörde;
E) Unterwerfung unter die Beschlüsse des Bundes;
F) Verschwiegenheit über das Bestehen aller Angelegenheiten des Bundes;
G) einstimmige Aufnahme in eine Gemeinde.

Wer diesen Bedingungen nicht mehr entspricht, wird ausgeschlossen. (Siehe Abschnitt VIII.)

Art. 3. Alle Mitglieder sind gleich und Brüder und als solche sich Hülfe in jeder Lage schuldig.

Art. 4. Die Mitglieder führen Bundesnamen.

Art. 5. Der Bund ist organisirt in Gemeinden, Kreisen, leitenden Kreisen, Centralbehörde und Kongresse.

27　共产主义者同盟第二次代表大会会址

28　在共产主义者同盟第二次代表大会上通过的《共产主义者同盟章程》

29　起草《共产党宣言》（木刻）张怀江

第三章 | 马克思主义的诞生

29

代替那存在着阶级和阶级对立的资产阶级旧社会的,将是这样一个联合体,在那里,每个人的自由发展是一切人的自由发展的条件。

——马克思

30

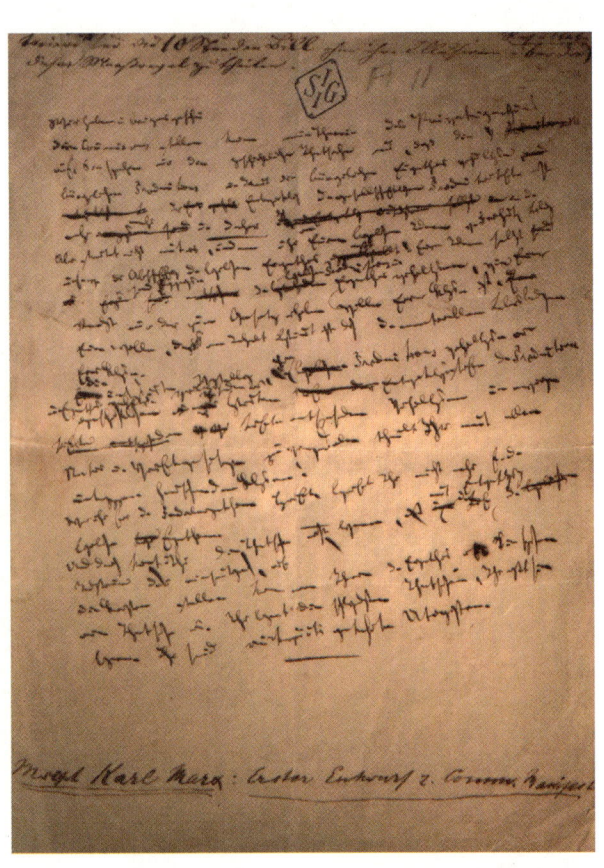

31

30　马克思写的《共产党宣言》第三章计划草稿

31　《共产党宣言》手稿第一页。手稿头两行为马克思夫人燕妮的手笔,最后一行:"手稿 卡尔·马克思:《共产党宣言》第一稿"。

32　《共产党宣言》德文第一版

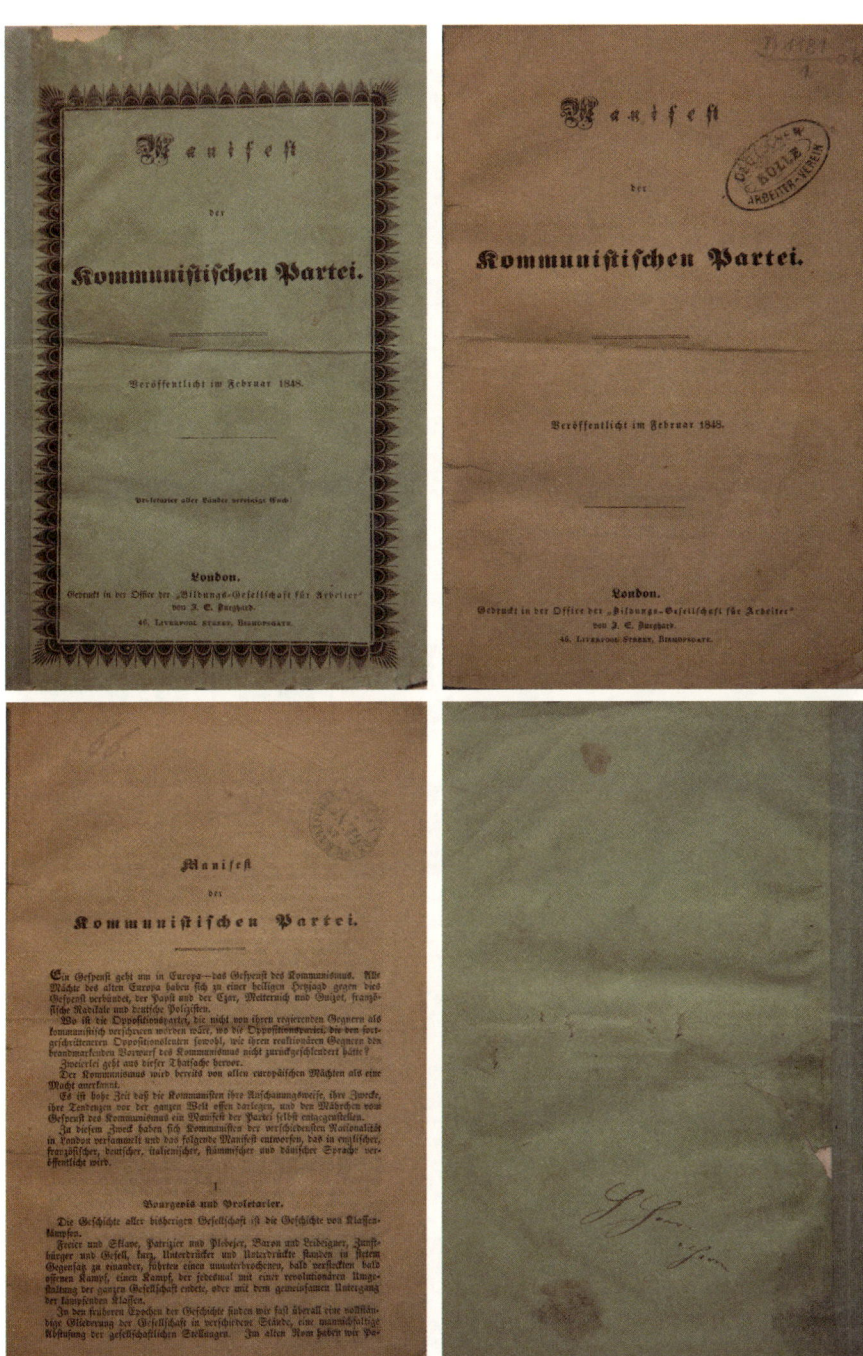

   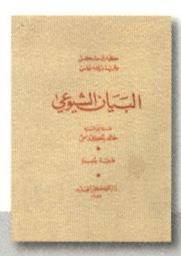  
   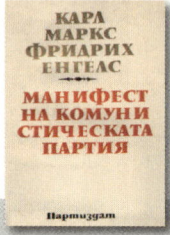  

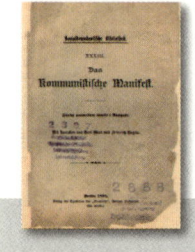     

33 《共产党宣言》各语种版本

第三章 马克思主义的诞生

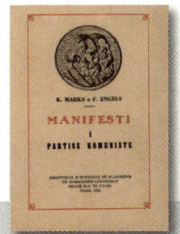   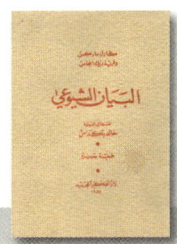  
   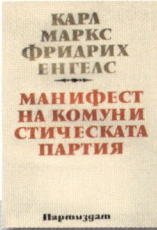  

  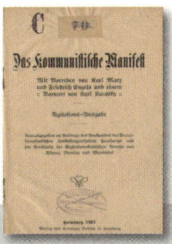   

   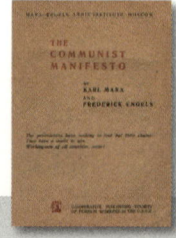  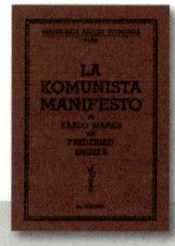
   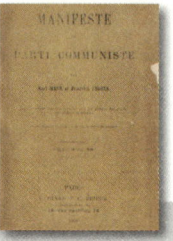 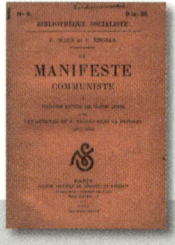 
    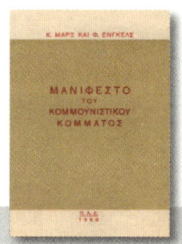 
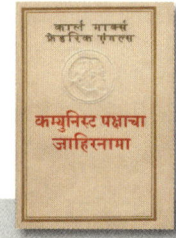     
  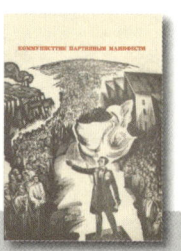   

第三章 | 马克思主义的诞生

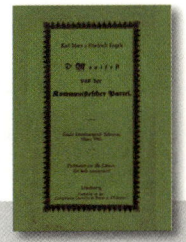  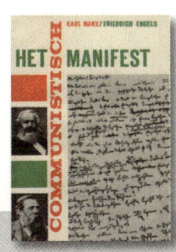   
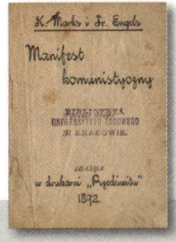     

     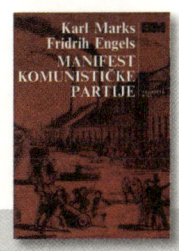
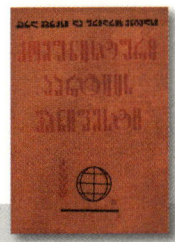     

第四章

投身 1848 年欧洲革命

1848年，革命风暴席卷欧洲大陆。马克思和恩格斯积极投入并领导革命运动，为共产主义者同盟中央委员会起草《共产党在德国的要求》，亲自回国参加革命，创办《新莱茵报》指导革命斗争。1848年革命后，为总结革命经验，马克思创办《新莱茵报。政治经济评论》杂志，写作《1848年至1850年的法兰西阶级斗争》《路易·波拿巴的雾月十八日》等著作。1851年起，马克思为《纽约每日论坛报》等报刊撰稿，分析评述各种重大国际问题，并阐述了中华民族必将迎来光明前途的深刻见解。

《共产党宣言》发表之时，正值一场轰轰烈烈的欧洲大革命来临之际。

1848年2月，法国爆发了二月革命，结束了路易·菲利普王朝的统治。接着，德国也爆发了三月革命，维也纳、柏林等地的人民举行了大规模的起义，起义者筑起街垒与政府军浴血奋战。

革命爆发后，刚成立不久的共产主义者同盟便迅速投入革命洪流，经受革命烽火的严峻考验。同盟决定，在布鲁塞尔成立以马克思为主席的新的中央委员会，恩格斯为委员。

面对迅速发展的革命形势，欧洲各国反动政府感到非常恐慌，加强了对革命者活动的秘密监视。

1848年3月3日，马克思突然接到比利时国王的一道命令，限他24小时内离开比利时。

当天夜里1点钟，一个警官带着十多个武装警察闯进了马克思的住所。警察搜查了房间，最后以马克思没有正式的身份证为理由，把马克思押送到市政厅。燕妮立即跑到一位比利时律师那里，设法营救马克思，但是没有结果。燕妮本人也被诱骗到警察局，受到了粗暴的审讯，并被警察送到了市政厅的拘留所，关在一间阴暗寒冷的牢房里。第二天下午，由于实在审问不出什么结果，警察才把燕妮释放了。

马克思在市政厅监狱里待了整整18个小时。由于找不到任何罪证，反动当局只好把他释放了。但是在释放的时候，又通知马克思必须立即执行国王的命令，在当晚离开比利时。这样，马克思一家连一些最必需的东西都来不及带走，就被驱逐出比利时了。

这是马克思第二次遭到反动政府的驱逐。马克思又回到了巴黎。共产主义者同盟在巴黎开会，决定将同盟中央迁到巴黎。马克思再次当选为主席，恩格斯等再次当选为委员。

民主派小资产者只不过希望实现了上述要求便赶快结束革命，而我们的利益和我们的任务却是要不间断地进行革命，直到把一切大大小小的有产阶级的统治全都消灭。

——马克思

一个人口几乎占人类三分之一的大帝国，不顾时势，安于现状，人为地隔绝于世并因此竭力以天朝尽善尽美的幻想自欺。这样一个帝国注定最后要在一场殊死的决斗中被打垮。

——马克思

1

1 1848年2月22日法国二月革命爆发,推翻了七月王朝,建立了资产阶级的第二共和国。

2

2 在法国二月革命的影响下,1848年3月维也纳爆发起义,推翻了梅特涅政权。

3 1848年1月13日,意大利爆发巴勒莫起义,人民与王室军队在宫殿外进行战斗。

4 1848年3月18日,柏林革命群众在王宫广场同普鲁士国王发生冲突。

3

4

5 斐迪南·弗洛孔给马克思的邀请信。1848年3月1日,法兰西共和国临时政府委员会成员弗洛孔以法国人民的名义邀请马克思去法国。信中写道:

勇敢而正直的马克思:

法兰西共和国是所有自由之友的避难所。暴政把您放逐,自由的法兰西向您、向所有为神圣事业和各国人民的友好事业而斗争的人们敞开着大门。法国政府的每一代表都应当以这种精神来理解自己的职责。

致兄弟般的敬礼

临时政府委员 斐迪南·弗洛孔

6 马克思在布鲁塞尔被捕(木刻)佚名。1848年3月3日,马克思接到弗洛孔邀请信的当天,又接到比利时当局限令24小时内离境的命令。夜里,警察突然闯进马克思家里,借口马克思没有身份证而逮捕了他。马克思被拘留18小时后才获释,匆忙离开了布鲁塞尔。

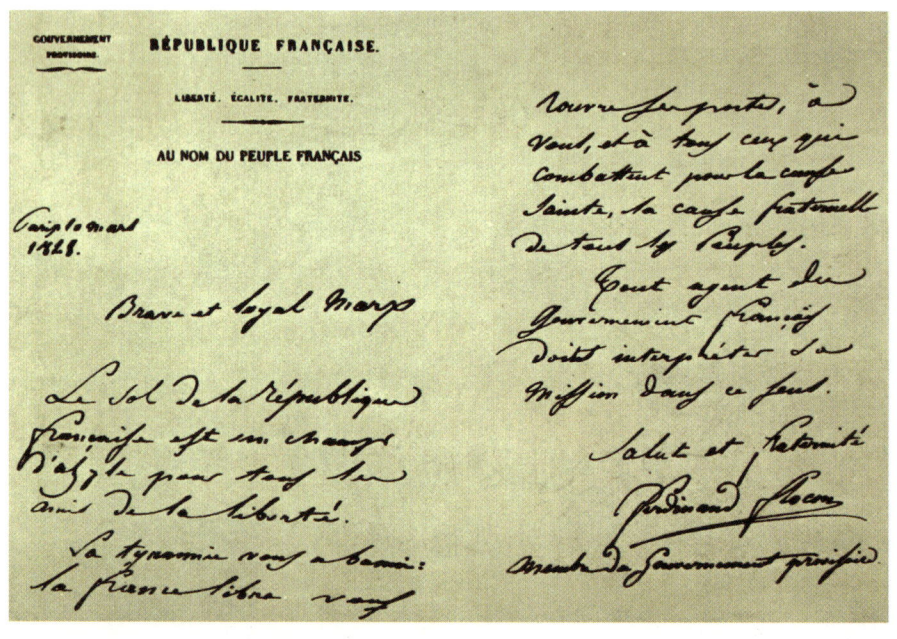

5

6

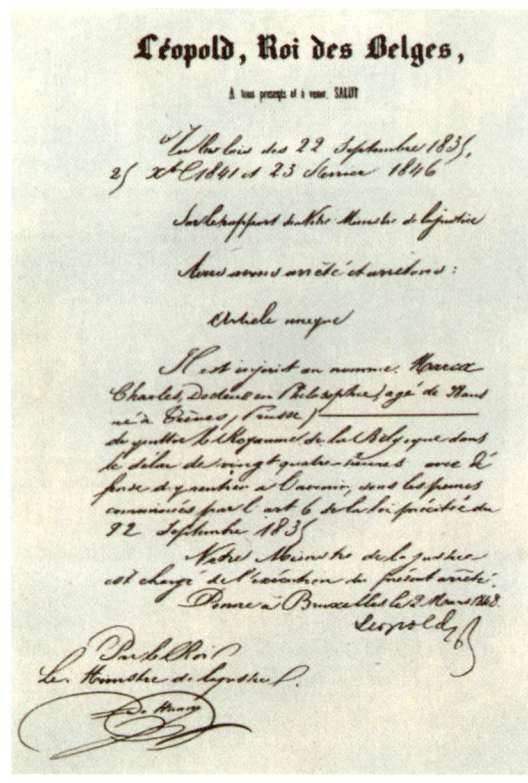

7

8

7 马克思的逮捕令，上面是关于马克思特征的描写。

8 1848年3月12日左右马克思从巴黎致信在布鲁塞尔的恩格斯，信中这样写道：

亲爱的恩格斯：

请向布赖埃尔取一百法郎（这是他发誓答应要在一星期之后还我的），向日果取三十法郎，向赫斯取十法郎。我希望布赖埃尔这时会履行自己的诺言。

迈因茨将在卡斯耳那里贴现一张一百十四法郎的期票，并将此款付给你。你把所有这些钱收起来用吧。《改革报》在谈到你时语调很友好。弗洛孔病了，我还没有看到他。载勒尔散布的谣言在德国人中间流传很广。阿拉尔直到现在还没有被革命抛弃到一边去。我劝你到这里来。

中央委员会已经在这里成立，因为琼斯、哈尼、沙佩尔、鲍威尔、莫尔都在这里。我被选为主席，而沙佩尔被选为书记。委员是：瓦劳、鲁普斯、莫尔、鲍威尔和恩格斯。

琼斯昨天去英国；哈尼病了。

祝好

你的 卡·马·

9　马克思和恩格斯动员德国工人分散回国（油画）邓澍。革命爆发后，在巴黎的许多外国侨民都想组织义勇军，用武力打回老家；巴黎德意志民主协会的一些领导人更是推波助澜，鼓动人们这样干。马克思反对这种冒险主义行动，主张组织流亡者分散地回国参加革命。至1848年4月初，马克思和共产主义者同盟中央委员会已动员三四百名德国流亡者（其中多数是同盟盟员）单个地返回祖国参加革命。随后，马克思和恩格斯自己也离开巴黎回国。

Forderungen der Kommunistischen Partei in Deutschland.

„Proletarier aller Länder vereinigt Euch!"

1. Ganz Deutschland wird zu einer einigen, untheilbaren Republik erklärt.

2. Jeder Deutsche, der 21 Jahre alt, ist Wähler und wählbar, vorausgesetzt daß er keine Kriminalstrafe erlitten hat.

3. Die Volksvertreter werden besoldet, damit auch der Arbeiter im Parlament des deutschen Volkes sitzen könne.

4. Allgemeine Volksbewaffnung. Die Armeen sind in Zukunft zugleich Arbeiter-Armeen, so daß das Heer nicht blos, wie früher, verzehrt, sondern noch mehr produzirt, als seine Unterhaltungskosten betragen.

Dieß ist außerdem ein Mittel zur Organisation der Arbeit.

5. Die Gerechtigkeitspflege ist unentgeltlich.

6. Alle Feudallasten, alle Abgaben, Frohnden, Zehnten, u., die bisher auf dem Landvolke lasteten, werden ohne irgend eine Entschädigung abgeschafft.

7. Die fürstlichen und andern feudalen Landgüter, alle Bergwerke, Gruben, u. s. w., werden in Staatseigenthum umgewandelt. Auf diesen Landgütern wird der Ackerbau im Großen und mit den modernsten Hilfsmitteln der Wissenschaft zum Vortheil der Gesammtheit betrieben.

8. Die Hypotheken auf den Bauerngütern werden für Staatseigenthum erklärt. Die Interessen für jene Hypotheken werden von den Bauern an den Staat gezahlt.

9. In den Gegenden, wo das Pachtwesen entwickelt ist, wird die Grundrente oder der Pachtschilling als Steuer an den Staat gezahlt.

Alle diese unter 6, 7, 8 und 9 angegebenen Maaßregeln werden gefaßt, um öffentliche und andere Lasten der Bauern und kleinen Pächter zu vermindern, ohne die zur Bestreitung der Staatskosten nöthigen Mittel zu schmälern und ohne die Produktion selbst zu gefährden.

Der eigentliche Grundeigenthümer, der weder Bauer noch Pächter ist, hat an der Produktion gar keinen Antheil. Seine Konsumtion ist daher ein bloßer Mißbrauch.

10. An die Stelle aller Privatbanken tritt eine Staatsbank, deren Papier gesetzlichen Kurs hat.

Diese Maßregel macht es möglich, das Kreditwesen im Interesse des ganzen Volkes zu regeln und untergräbt damit die Herrschaft der großen Geldmänner. Indem sie nach und nach Papiergeld an die Stelle von Gold und Silber setzt, verwohlfeilert sie das unentbehrliche Instrument des bürgerlichen Verkehrs, das allgemeine Tauschmittel, und erlaubt, das Gold und Silber nach außen hin wirken zu lassen. Diese Maaßregel ist schließlich nothwendig, um die Interessen der konservativen Bourgeois an die Revolution zu knüpfen.

11. Alle Transportmittel: Eisenbahnen, Kanäle, Dampfschiffe, Wege, Posten, u., nimmt der Staat in seine Hand. Sie werden in Staatseigenthum umgewandelt und der unbemittelten Klasse zur unentgeltlichen Verfügung gestellt.

12. In der Besoldung sämmtlicher Staatsbeamten findet kein anderer Unterschied statt, als der, daß diejenigen mit Familie, also mit mehr Bedürfnissen, auch ein höheres Gehalt beziehen als die Uebrigen.

13. Völlige Trennung der Kirche vom Staate. Die Geistlichen aller Konfessionen werden lediglich von ihrer freiwilligen Gemeinde besoldet.

14. Beschränkung des Erbrechts.

15. Einführung von starken Progressivsteuern und Abschaffung der Konsumtionssteuern.

16. Errichtung von Nationalwerkstätten. Der Staat garantirt allen Arbeitern ihre Existenz und versorgt die zur Arbeit Unfähigen.

17. Allgemeine, unentgeltliche Volkserziehung.

Es liegt im Interesse des deutschen Proletariats, des kleinen Bürger- und Bauernstandes, mit aller Energie an der Durchsetzung obiger Maaßregeln zu arbeiten. Denn nur durch Verwirklichung derselben können die Millionen, die bisher in Deutschland von einer kleinen Zahl ausgebeutet wurden und die man weiter in der Unterdrückung zu erhalten suchen wird, zu ihrem Recht und zu derjenigen Macht gelangen, die ihnen, als den Hervorbringern alles Reichthums, gebührt.

Das Comité:
Karl Marx. Karl Schapper. H. Bauer. F. Engels.
J. Moll. W. Wolff.

10　为了给斗争中的德国人民指出前进的方向和目标，马克思和恩格斯根据《共产党宣言》中所确立的原则立场，制定了《共产党在德国的要求》，这是无产阶级在资产阶级民主革命中的第一个具体纲领。全文如下：

"全世界无产者，联合起来！"

1. 全德国宣布为一个统一的、不可分割的共和国。

2. 凡年满21岁的德国人，只要未受过刑事处分，都有选举权和被选举权。

3. 发给人民代表薪金，使德国工人也有可能出席德国人民的国会。

4. 武装全体人民。今后，军队同时也应当是劳动大军，使队不再象以前那样光是消费，并且还能生产，而所生产出来的东西要多于它的给养费用。

此外，这也是组织劳动的一种方法。

5. 诉讼免费。

6. 无偿地废除一切至今还压在农民头上的封建义务，如徭役租、代役租和什一税等等。

7. 各邦君主的领地和其他封建地产，一切矿山、矿井等等，全部归国家所有。在这些土地上用最新的科学方法大规模地经营农业，以利于全社会。

8. 农民的抵押地宣布为国家所有。这些抵押地的利息由农民缴纳给国家。

9. 租佃制流行的地区，地租或租金作为赋税缴纳给国家。

实行第6、7、8、9各条中提出的这些措施，是为了减轻农民和小租佃者所担负的社会义务和其他义务，同时也不致减少抵偿国家开支所需的资金，而且不使生产本身遭受损失。

至于既不是农民，又不是租佃者的土地所有者是不参加任何生产的。因此他们的消费纯粹是挥霍。

10. 成立国家银行来代替所有的私人银行，国家银行发行的纸币具有法定的比价。实行这一措施就能按照全体人民的利益来调节信用事业，从而破坏大金融资本家的统治。实行这一措施就能逐渐以纸币代替黄金和白银，使资产阶级流通的必要工具，即一般的交换工具减价，因而就有可能把黄金和白银用到对外贸易上去。最后，为了把保守的资产者的利益和政府的存在联系起来，这个措施也是必要的。

11. 国家掌握一切运输工具：铁路、运河、轮船、道路、邮局等等。它们全部归国家所有，并且无偿地由无产阶级支配。

12. 所有官员的薪金没有任何差别，只有有家眷的官员，即需求较大的人的薪金可以比别人高一些。

13. 彻底实行政教分离。各教派牧师的薪金一律由各个自愿组织起来的宗教团体支付。

14. 限制继承权。

15. 实行高额累进税，取消消费品税。

16. 建立国家工厂。国家保证所有的工人都有生活资料，并且负责照管丧失劳动力的人。

17. 实行普遍的免费的国民教育。

为了德国无产阶级、小资产阶级和小农的利益，必须尽力争取实现上述各项措施。因为只有实现了这些措施，一直受少数人剥削，并且今后还有可能受少数人压迫的德国千百万人民，才能争得自己的权利和作为一切财富的生产者所应有的政权。

委员会：卡尔·马克思、卡尔·沙佩尔、亨·鲍威尔、弗·恩格斯、约·莫尔、威·沃尔弗

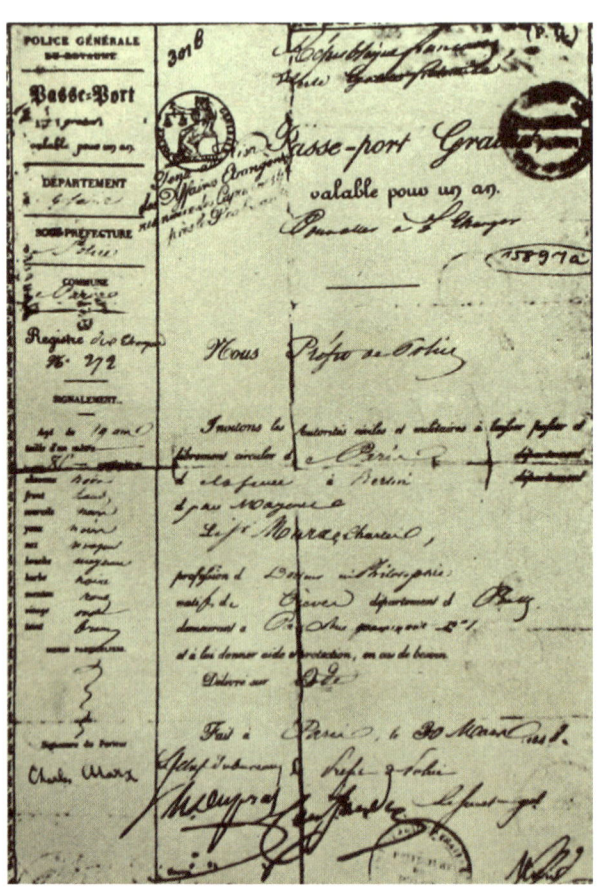

11

11　1848年3月30日法国政府签发给马克思的旅行护照

由于德国革命迅猛发展，1848年4月上旬，马克思和恩格斯从巴黎秘密回到了德国。回国以后，他们立即参加并领导了轰轰烈烈的革命斗争。

他们决定创办一份大型的革命日报，通过报纸来宣传他们制定的革命路线和策略，指导和组织群众进行斗争。

当时，要办这样一份日报存在着许多困难，最难的是筹集办报资金。恩格斯为此四处奔走。他在给马克思的一封信中，提到了筹资的艰难：

> "很遗憾，认股的事，在这里很少有希望。……我费了不少唇舌，使用了各种各样的外交手腕，仍然是不肯定的答复。……问题的实质是，在这里甚至连激进的资产者都把我们看成是他们的未来的主要敌人，不愿意把武器交到我们手里，因为我们很快会把它掉转过来反对他们自己。"

恩格斯甚至找他父亲借钱，但他那个有钱的资本家父亲不肯为一份革命报纸提供资助。恩格斯写信给马克思说，他父亲"宁愿叫我们吃一千颗子弹，也不会送给我们一千塔勒"。

在筹集不到办报资金的情况下，最后还是马克思把自己刚刚得到的一笔遗产几乎全部拿了出来，才解决了办报资金问题。

1848年6月1日，《新莱茵报》第一号在欧洲革命高潮中诞生了。这是第一份革命工人政党的机关报。总编辑是马克思，恩格斯、沃尔夫等人担任编辑。

《新莱茵报》从第一号起就充满着革命的战斗精神，它的每一篇文章都像炮弹似的打中敌人的要害。《新莱茵报》实际上成了当时无产阶级的战斗司令部。它在革命群众中有着广泛的影响，得到人们的普遍赞扬和支持。

自从巴黎的六月武装起义被镇压以后，全欧洲的反革命势力逐渐抬头。1848年下半年，德意志各邦的反动势力开始向革命进行反扑。由于《新莱茵报》始终站在革命斗争的最前列，勇敢地、毫不妥协地指导群众开展革命斗争，遭到了普鲁士当局的打击和迫害。

普鲁士反动当局发出了逮捕恩格斯的通缉令。几乎同时，马克思也接到了命令，普鲁士当局借口马克思于1845年在布鲁塞尔声明放弃普鲁士国籍一事，把他当做"外国人"驱逐出境了。

当年普鲁士政府驱逐了马克思和恩格斯。现在科隆市政府却把马克思和恩格斯的雕像放在了科隆市政厅大楼的名人墙上。

1849年5月19日，《新莱茵报》全篇用红色油墨出版了最后一号。马克思写了一篇向无产阶级告别的信。在信中，马克思向工人们保证：

"无论何时何地，他们的最后一句话始终将是：工人阶级的解放！"

《新莱茵报》停刊以后，恩格斯到了普法尔茨，在那里加入革命军，当了一名副官，身配战刀，亲身投入战斗，驰骋沙场。

马克思则回到了巴黎。

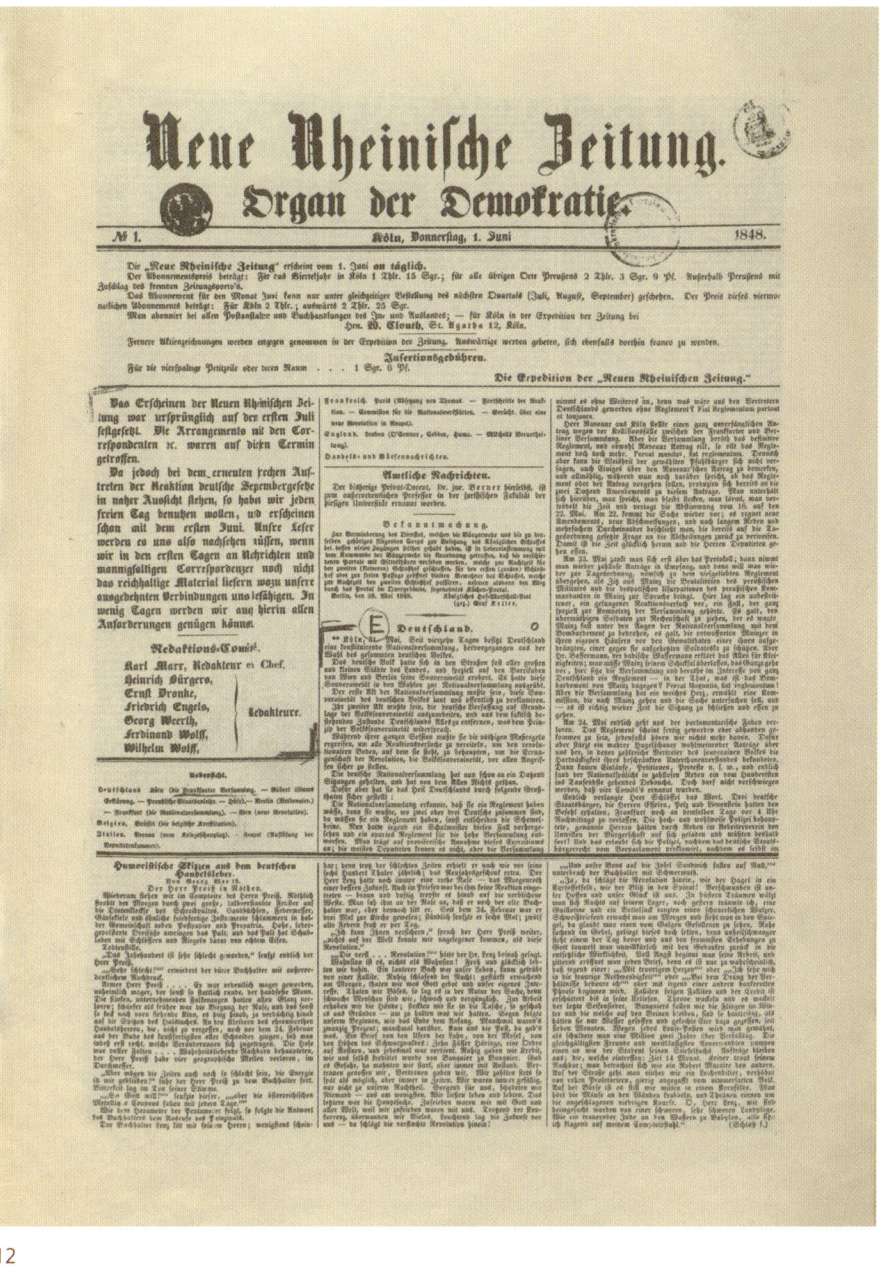

12　马克思、恩格斯来到科隆后，立即投入到筹备《新莱茵报》的工作中。1848年6月1日，由马克思担任主编的《新莱茵报》在科隆出版。《新莱茵报》主编是卡尔·马克思，编委会成员有弗·恩格斯、威廉·沃尔弗、格·维尔特、恩·德朗克、斐·弗莱里格拉特、亨·毕尔格尔斯等人。

14

13 马克思、恩格斯和战友们在《新莱茵报》编辑部(油画)高莽

14 《新莱茵报》广为流传(素描)茹科夫。《新莱茵报》成为1848年欧洲革命期间,马克思、恩格斯团结革命队伍,向敌人发起进攻的总堡垒。《新莱茵报》的影响越来越大,在它停刊前,订户近6000个。

15

16

15　1848年6月巴黎圣安东郊区的战斗。法国二月革命，巴黎人民推翻了"七月王朝"，但资产阶级窃取了革命果实，成立了法兰西第二共和国。6月22日，法国工人游行示威，六月起义爆发，最终失败。法国六月革命起义虽然失败了，但它"是现代分裂社会的两个对立阶级之间的第一次大规模的战斗。这是保存还是消灭资产阶级制度的斗争"。

16　1848年6月29日马克思的《六月革命》一文发表在《新莱茵报》。马克思在这篇文章中阐述一个重要的观点，即：什么样的国家形式才是最好的国家形式。

17　在莱茵省第一届民主主义者代表大会上（油画）张红年。考虑到共产主义者同盟组织还弱小，需要广泛利用合法斗争形势，吸收更多的人参加运动，马克思和恩格斯认为共产主义者必须加入民主组织，作为运动的左翼即无产阶级一翼，但同时保持自己独立的政治立场。8月13—14日，马克思和恩格斯参加了莱茵省第一届民主主义者代表大会，会上决定由科隆三个民主团体（民主协会、工人联合会和工人业主联合会）中央委员会的成员组成民主主义者莱茵区域委员会，马克思在这个委员会中起着积极的作用。

18　法庭上的胜利（油画）李天祥、赵友萍。1849年2月上旬，普鲁士当局以"侮辱和诽谤"罪名传讯《新莱茵报》主编马克思和编辑恩格斯。在科隆的法庭上，马克思以有力的证据详尽地驳斥了反动派的污蔑，法庭不得不宣告马克思等人无罪。

17

18

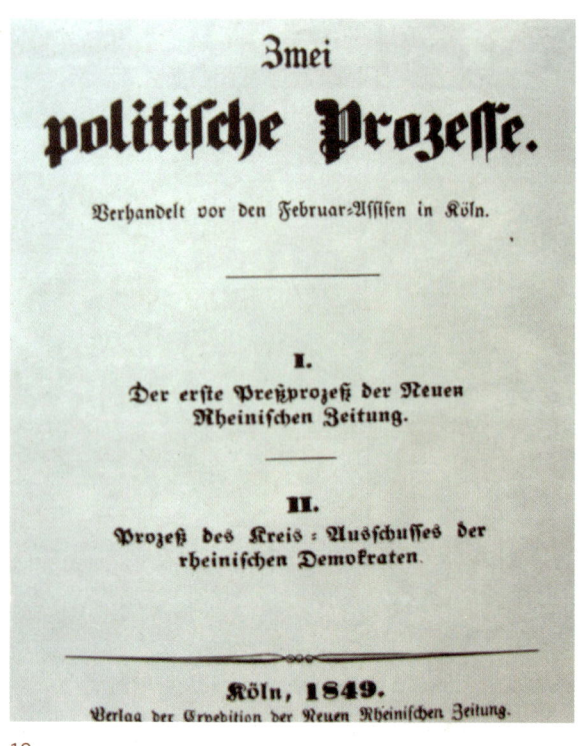

19 马克思和恩格斯在科隆受审时发言全文的小册子《两个政治审判案》，这是马克思主义新闻思想的一份重要文献。

20 马克思和恩格斯不仅亲身投入1848年的革命活动，还在《新莱茵报》上发表大量文章，关心、指导波兰（左图：《新莱茵报》第18号刊载的恩格斯《布拉格起义》一文）、捷克（右图：《新莱茵报》第21号刊载的恩格斯《在波兹南的新政策》一文）等地的革命斗争和民族解放运动。

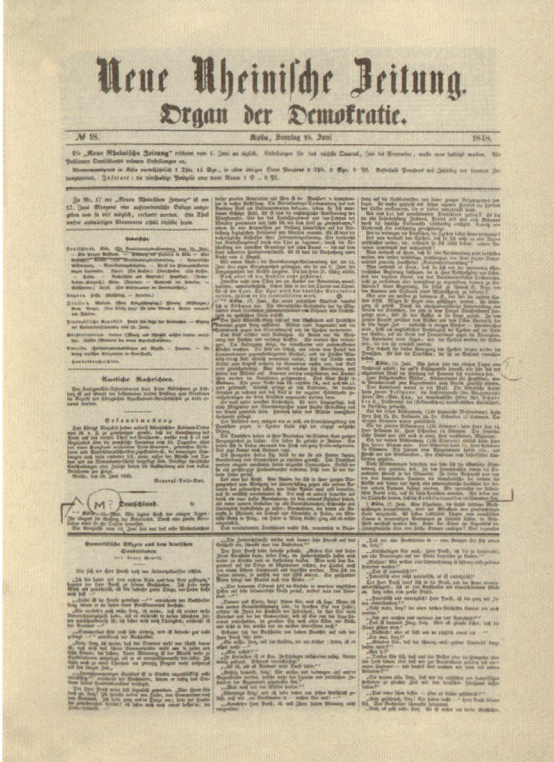 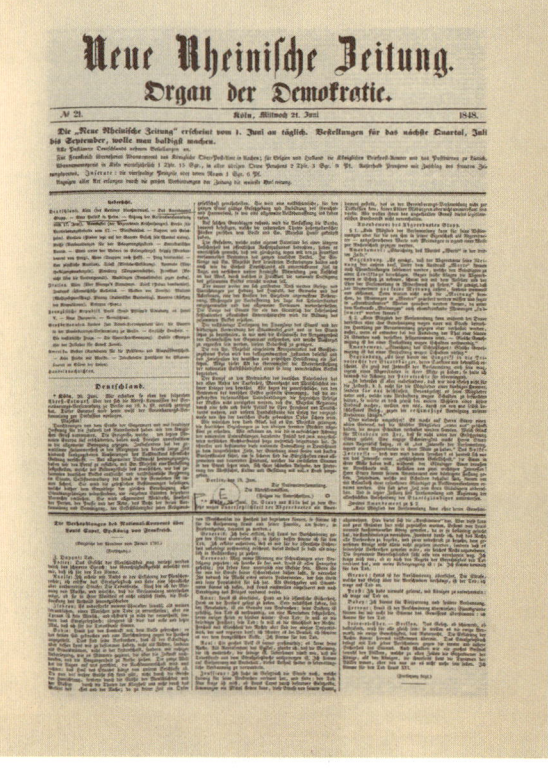

21 在普鲁士反动当局的迫害下,《新莱茵报》被迫停刊。1849 年 5 月 19 日,该报用红色油墨印了最后一号。诗人弗莱里格拉特应马克思的请求,写了一首诗作为《新莱茵报》的告别词。诗中写道:

"别了,但不是永别,
他们消灭不了我们的精神,兄弟们!
当钟声一响,生命复临,
我将立即披甲返程!
……
我这个被放逐的叛乱者,
作为一个忠实于起义的人民的战友,
将在多瑙河和莱茵河边,
用言语和武器参加战斗!"

《新莱茵报》致科隆工人:
……
　《新莱茵报》的编辑们在向你们告别的时候,对你们给予他们
的同情表示衷心的感谢。无论何时何地,他们的最后一句话始终将
是:工人阶级的解放!

《新莱茵报》编辑部

"我们不得不交出自己的堡垒,但我们退却时携带着自己的武器和行装,奏着军乐,高举着印成红色的最后一号报纸的飘扬旗帜……"

—— 恩格斯

22

22 被迫离开巴黎（石版画）文国璋。《新莱茵报》停刊后，马克思于 1849 年 6 月初再次流亡到巴黎。两个多月后，巴黎警方又命令他在规定时间内离开巴黎。8 月 24 日马克思不得不横渡英吉利海峡，前往伦敦。

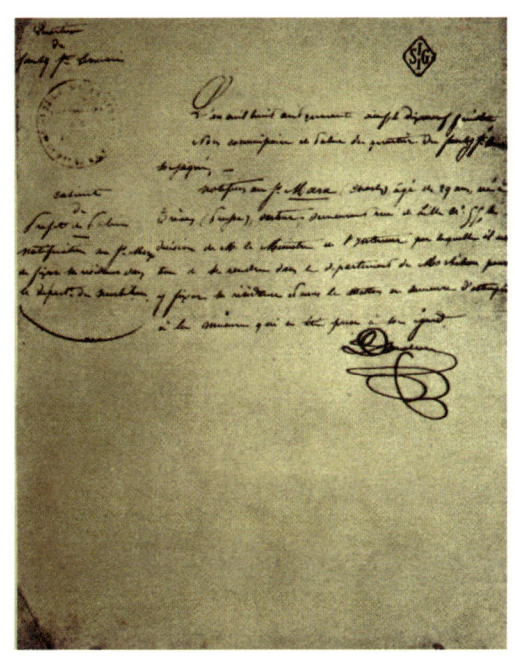

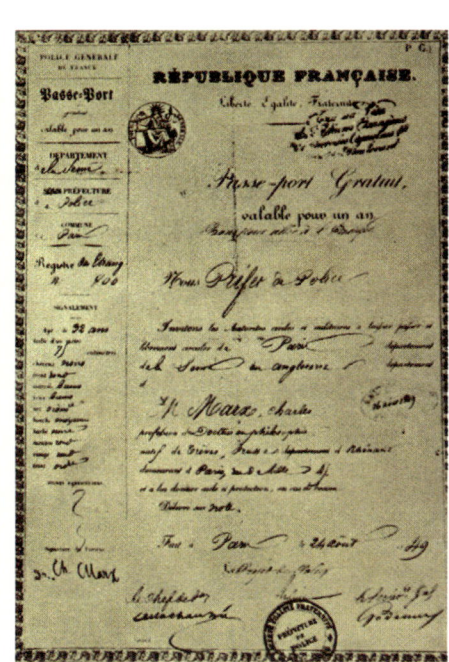

23　1849年8月16日巴黎警察当局驱逐马克思的命令，全文（原文是法文）如下：

巴黎市
圣热尔门郊区地段
警察署长
百合花路普鲁士侨民马克思先生
1849年8月16日于巴黎圣热尔门郊区地段
先生：
为了执行警察局长先生的命令，我谨通知您：内政部长先生认为不须批准您要求改变他的决定的申请。因此，我责成您立即离开巴黎，前往摩尔比安省居住。
谨致敬意
圣热尔门郊区地段警察署长
杜尔朗

24　1849年8月24日法国政府签发的马克思的旅行护照

轰轰烈烈的1848年革命失败后，反动势力到处搜捕革命者，德、法、匈、意等国的革命人士或者牺牲，或者身陷囹圄，或者流亡到国外，其中许多人逃往伦敦。

马克思再次遭到法国政府驱逐，他在和燕妮商量后，决定与共产主义者同盟的部分委员一起，举家迁往伦敦。

三个星期后，临近产期的燕妮带着三个年幼的孩子来到伦敦，与马克思汇合。初到伦敦的马克思居无定所，几经辗转，终于在索荷区的第恩街64号安顿下来。这里遍布小街僻巷，居民多为小工业者，有很多外国人杂居于此。马克思和燕妮一家7口人在这里租住了犹太商人的两间小房。

和普鲁士以及法国相比，此时的英国算是一个既不反动又不革命的国度，泰晤士河畔大雾朦胧的伦敦成了当时闻名于世的流亡革命者的避难所。但是，伦敦并不是张开双臂热情地接待这些流亡者，等待他们的将是漫无尽头的艰辛。

几百名流亡者陆陆续续涌入伦敦，他们中的绝大多数人既没有钱，又不懂英语，找工作往往碰壁，居住条件恶劣，忍饥挨饿。马克思以极大的热忱投入到救济流亡者的工作中，他担任了德国流亡者救济委员会的主席，用募集到的不多的捐款开设了宿舍和饭厅，为那些无家可归的流亡者提供暂时的避难所，有时甚至让他们住进自己的家里，拿出家中仅剩的食物分给他们。

在这些得到马克思帮助的人中有著名的德国工人领袖威廉·李卜克内西。多年后，李卜克内西满怀感情地回忆了在伦敦的生活，那时，他差不多每天都到马克思家里去，并且一连好几年从清早到夜晚都在那里度过，一些有困难的同志常常把马克思的家当做固定的集会处。

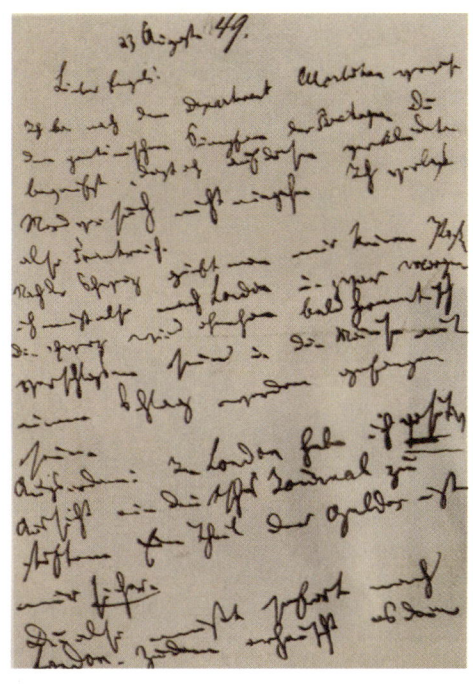

25

26

25　1849 年 8 月 23 日，马克思写信给恩格斯，坚持要他转赴伦敦，说："……你的安全也要求这样做。普鲁士人会枪毙你两次：(1) 由于巴登；(2) 由于埃尔伯费尔德。"

26　1850 年 8 月马克思记下的共产主义者同盟中央委员会一些成员的名字和地址。马克思到达伦敦后，重建了共产主义者同盟领导机关，除新老成员，还吸收了积极参加 1848 年革命和同盟的活动家，如奥古斯特·维利希、康拉德·施拉姆、卡尔·沙佩尔、格奥尔格·埃卡留斯和卡尔·普芬德等。

27 讨论《告同盟书》(版画)杨逸麟。恩格斯到达伦敦后，立即参加了马克思领导的共产主义者同盟中央委员会的工作，他们共同起草的1850年3月和6月《中央委员会告共产主义者同盟书》是同盟领导在1848—1849年革命后发出的重要文件，总结了欧洲革命的经验，制定了无产阶级在未来革命中的纲领和策略，对同盟的改组起了重大作用。

共产主义者同盟中央委员会的多数成员都先后到了伦敦，马克思立刻着手重建共产主义者同盟的领导机关。马克思和恩格斯认为，要恢复和改组同盟，当时唯一可行的办法就是在思想上取得一致认识，因此马克思、恩格斯和同盟的其他领导人很早就考虑恢复《新莱茵报》的工作。后来这份杂志起名为《新莱茵报。政治经济评论》。筹资办刊的过程很艰难，经过马克思多方联系，杂志终于在 1850 年 3 月出版。马克思和恩格斯在其上发表了《1848 年至 1850 年的法兰西阶级斗争》《路易·波拿巴的雾月十八》《德国农民战争》等一系列重要著作。在这些著作中，马克思和恩格斯总结了革命经验，进一步发展了马克思主义的国家学说，阐发了无产阶级专政的理论，提出了不断革命和工农联盟的思想。

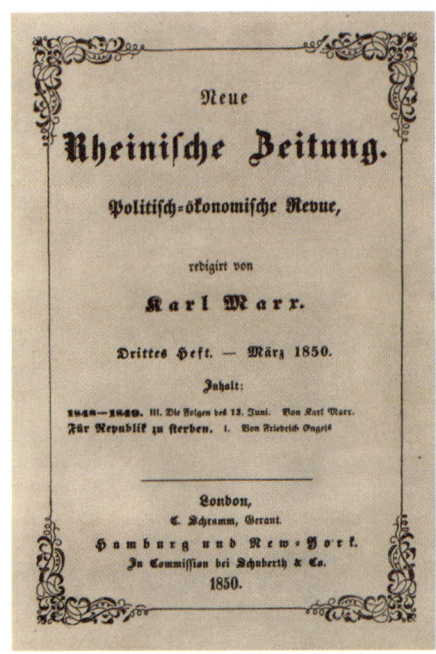
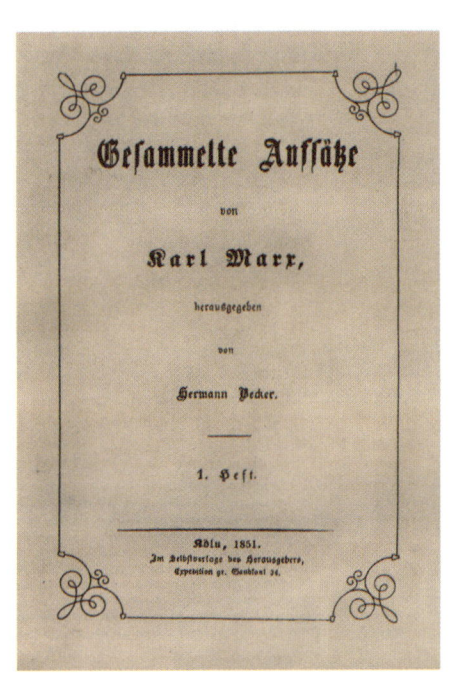

28

29

28 《新莱茵报。政治经济评论》。该杂志于1850年3月至11月在汉堡出版了六期，后因德国警察的迫害和资金缺乏而停刊。马克思和恩格斯的一些总结1848年革命的文章就发表在该杂志上。

29 1851年科隆出版的第一部马克思文集

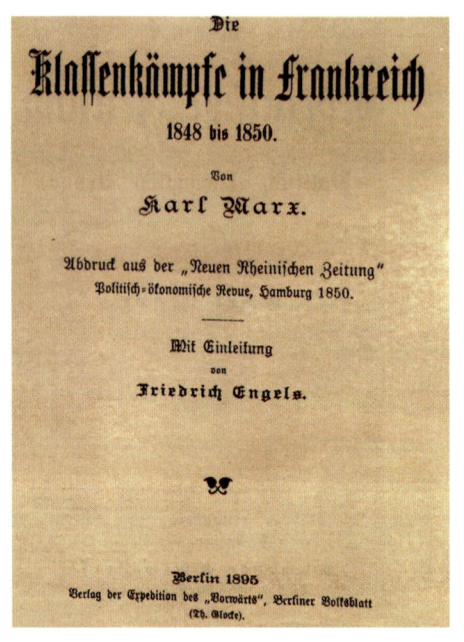
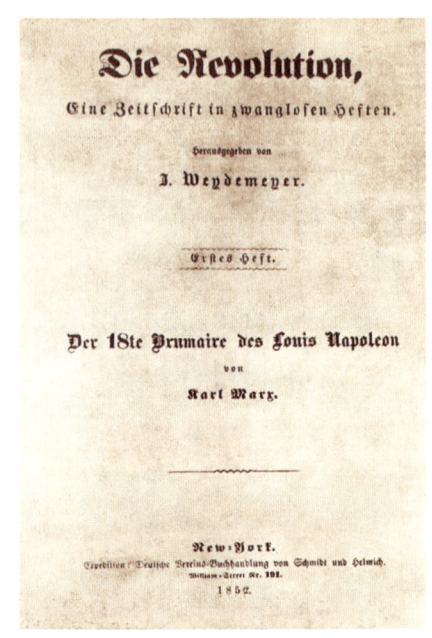

30

31

30 1895年出版的《1848年至1850年的法兰西阶级斗争》。马克思在该著作中分析了1848年法国革命的原因、性质、过程和影响，发展了无产阶级革命思想，第一次明确提出"工人阶级专政"的口号。

31 1852年出版的《路易·波拿巴的雾月十八日》。马克思在该著作中分析了资产阶级国家的本质，阐明了马克思主义国家学说，第一次提出了无产阶级革命必须摧毁旧的国家机器的思想，同时还阐述了工农联盟的思想。

32 同维利希—沙佩尔集团作斗争（工笔画）杨刚。1850年夏，正当革命处于低潮时期，共产主义者同盟内部形成了一个以奥·维利希和卡·沙佩尔为首的"左派集团"，他们不顾情况的变化和新时期的特点，提出要在德国立即发动革命，夺取政权。马克思坚决反对这种冒险主义行动，认为这是一种脱离实际的宗派策略。在1850年9月15日同盟中央委员会非常会议上，以马克思和恩格斯为代表的多数派同维利希、沙佩尔等人的少数派集团进行了坚决的斗争。

在大革命失败后那个万马齐喑的年代，要维持这样一份革命杂志极其困难，马克思想尽一切办法支撑它、延续它，但杂志只坚持了6期，便悄然结束。

此时，恩格斯告别了马克思，回到曼彻斯特经商，以便为马克思提供经济援助。在以后的20年时间里，分隔两地的恩格斯和马克思几乎每天写信，他们通过书信交换看法，探讨理论。

一天，在德国莱比锡火车站，共产主义者同盟的秘密通讯员诺特荣克被普鲁士警察逮捕了。普鲁士反动政府开始了蓄谋已久的报复行动，抓捕了大批共产主义者同盟盟员，给他们扣上"图谋叛国"的罪名。马克思和恩格斯立即开展针锋相对的斗争，他们通过投书报刊、发表声明、提供辩护材料等办法揭露普鲁士当局的阴谋，并积极营救被捕同志，燕妮也积极参与了营救活动。但是，最终普鲁士政府仍将共产主义者同盟的7名委员判处了3年到6年的徒刑。马克思知道这个消息后，写了《揭露科隆共产党人案件》一书，并在美国出版。

正是由于出版这本书，使得资产阶级的出版商们都像躲避瘟疫一样离马克思而去，在欧洲没有人敢再发表他的著作。不能靠赚取稿费来养活一家人，使马克思的流亡生活雪上加霜。

33

33 积极营救战友（油画）高莽。1851年5—6月，普鲁士政府以"图谋叛国"的罪名逮捕了11名共产主义同盟成员，制造了迫害科隆共产党人案件，并于1852年10月开庭审判。马克思在英国密切关注案件发展，与恩格斯商量营救办法，在极端困难的情况下，他把收集的材料寄往德国，揭露普鲁士当局的阴谋。马克思夫人燕妮参加了这场营救活动，负责文件抄写等工作。

34

35

34 科隆共产党人案件的审判法庭（版画）佚名

35 科隆共产党人案件审判法庭的旧照

36 1853年出版的马克思《揭露科隆共产党人案件》一书，揭露了普鲁士当局在迫害共产党人时所采用的卑劣手法。

37 马克思在《揭露科隆共产党人案件》最后一页上做的修订

38　马克思在伦敦纪念波兰起义四周年大会上（石版画）文国璋。1863年1月，波兰爆发起义，马克思评价这次起义在欧洲"揭开了革命的纪元"。马克思积极声援波兰人民的一系列活动，起草了伦敦德意志工人教育协会支援波兰的呼吁书，出席1865年3月在伦敦举行的纪念波兰起义两周年大会，1867年1月又作为国际工人协会的代表在纪念波兰起义四周年的大会上发表演说。

39　1862年3月27日马克思和恩格斯论述美国内战的文章刊登在《新闻报》上，他指出，"当前南部与北部之间的斗争不是别的，而是两种社会制度即奴隶制度与自由劳动制度之间的斗争。这个斗争之所以爆发，是因为这两种制度再也不能在北美大陆上一起和平相处。它只能以其中一个制度的胜利而结束。"

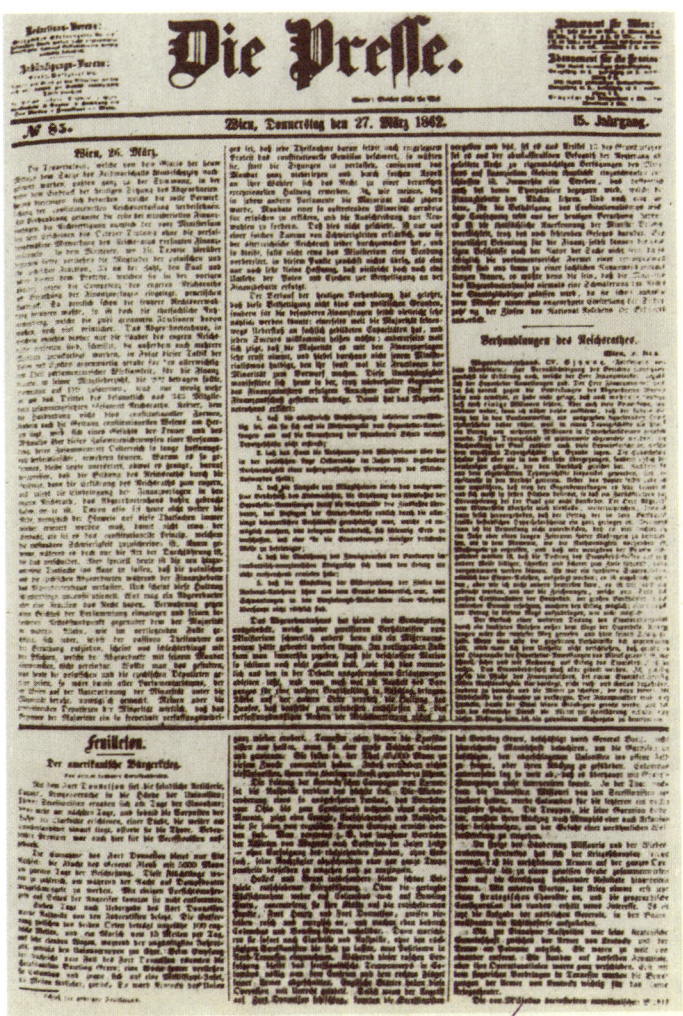

第五章

创作划时代巨著《资本论》

英国是当时最发达的资本主义国家，对于马克思来说，没有什么地方比伦敦更适合观察和分析资本主义了。在伦敦，他投入到一度中断了的政治经济学研究，继续完成那部计划已久的政治经济学巨著。

大英博物馆坐落在大罗素广场上，离马克思家只有几条街的距离。博物馆的图书馆藏书有600多万册，从古代东方的罕见文书到近代各门科学的著作、杂志，无所不包，这是当时其他任何地方都无法比拟的，这里成为了马克思从事政治经济学研究的场所。

从1850年夏天开始，马克思在此后的几年当中几乎每天都到大英博物馆读书钻研。从马克思的家步行到大英博物馆大约十几分钟，马克思通常从第恩街走到索荷广场，再从那里走到牛津街，最后从牛津街走到大英博物馆。当时，牛津街已经是一个重要的商业中心。虽然那时候伦敦还没有出现现代化的百货商店，但马克思还是可以在沿途看到19世纪40年代买卖兴隆的大商店安装的大玻璃橱窗。

马克思通常早晨9点就来到阅览室查资料、做摘要、写著作，直到图书馆闭馆才离开。今天我们还能查到马克思当年在阅览室登记本上的签字。

大英博物馆的阅览室是世界上最著名也最实用的阅览室之一，环形的设计使任何一个读者都不会离中心服务台太远，也不会坐在反光的座位上。周围的书架上摆满了各种各样的书，马克思在阅览室有固定的座位，在他的桌子上有堆积如山的书籍，很容易认出来。

一天早晨，一位读者拿了一本书，正想在一个空位坐下来，图书馆员走过来对他说："先生，这是马克思博士的座位，请您不要占用，他马上就会来。"

那个读者怔了一下问道："就是《共产党宣言》的作者吗？"

"我想大概是的。这里给马克思博士摆着政府所编的工厂工作年报，他现在正在研究这些年报。"

"他每天来吗？你确信，他今天会来吗？"

"请您放心。几年来，马克思博士每天都到这儿，都是足足工作十小时。我在这里已经二十年了，我很清楚这里的读者。"

1

1 19世纪的工业城市曼彻斯特。英国是最早完成工业革命的资本主义国家,随着经济发展,资本主义基本矛盾日益暴露,这为马克思研究资本主义运动规律提供了有利条件。

2 19世纪的伦敦

3 19世纪上半叶曼彻斯特的一家棉纺厂

2

3

4

5

4　大英博物馆

5　大英博物馆圆形阅览室

在大英博物馆的阅览室，马克思在研究过程中阅读了大量书籍，做了许多摘录和笔记。他几乎研读了这里收藏的所有政治经济学文献和资料，还对相关学科进行了广泛研究，例如农业学、农业化学、实用工艺学、实用经济学，甚至复式记账法等。据统计，马克思为写作《资本论》，读过和做过笔记摘录的书籍共有一千五百多种，写的笔记至少有一百多本。

为研究当时资本主义经济的实际状况，他还想尽一切办法搜集官方调研报告等一手材料。大英博物馆收藏了大量的由英国调查委员会和工厂视察员撰写的"蓝皮书"，是供英国议员们参阅的最权威的经济调查报告。但是，饱食终日的议员们根本不会去看这些枯燥的大部头东西，有的议员把它们当废纸出卖，有的把它们当做射击的靶子。但马克思把它们当做最重要、最有价值的文件，他花了大量时间研究这些材料。

1857年，一场世界性的经济危机爆发了。马克思感到了尽快完成并出版《资本论》的急迫性，他希望在新的革命风暴到来之前，"至少把一些基本问题搞清楚"。马克思要在最短的时间内写出这部科学巨著，他说哪怕是整个房子塌下来压在他的头上也要完成。

马克思开始发狂似地写作他的著作，他在给恩格斯的信中说："我的工作量很多，多半都要工作到早晨四点钟。"

6

6 马克思在大英博物馆（油画）高莽。19世纪50年代初，马克思又恢复了他早在40年代就开始的政治经济学研究。在此后十几年时间内，他几乎一直在伦敦大英博物馆学习，广泛阅读，查阅了一千多部著作，并作了大量摘要。

7

7　1851年首届万国工业博览会在伦敦海德公园举行，马克思参观了这次博览会。

8　经济革命之后一定要跟着政治革命（木刻）张怀江。马克思对科学技术进步推动政治革命给予极高评价，1850年7月他看到一个牵引火车的电力机车模型后敏锐地意识到，人类即将由蒸汽时代进入电力时代。后来，他激动地对李卜克内西说："这件事的后果是难以估计的。经济上的革命出现以后，随之而来的必定会是一场政治上的革命，因为后者只是前者的表现而已。"

8

马克思每天工作15、16个小时，还要挤出时间为《纽约每日论坛报》撰稿，微薄的稿酬成为马克思那些年唯一稳定的收入来源。但是这点钱完全不足以维持他们一家的生活，还不得不依靠恩格斯的接济。当马克思一家实在没钱的时候，只好靠典当和赊账度日。家里稍微值钱一点的东西都送去典当了，甚至包括燕妮的陪嫁品。

一名当时监视马克思的普鲁士警探在他的报告中是这样描述马克思家的景象的："马克思住在一个伦敦最糟糕，因而也是房租最便宜的地区。他租的套房只有两间房，屋里的家具都糟糕透了，简直不成样子：都是些用坏了的、摇摇晃晃的破烂货；到处是一层厚厚的尘土，所有东西都七零八落。客房中央放着一张上面铺胶布的旧式桌子。桌子上堆满了手稿、报纸、书籍、儿童玩具、破旧衣服和马克思夫人的手工活；还有缺口的茶杯、用脏了的刀、叉、大蜡台、小酒盅、墨水瓶、荷兰烟斗、烟灰——一切都乱七八糟地堆在桌子上，一个旧货商人会对脱手这样一堆惊人的破烂货感到羞耻。"

贫困的生活终日追赶着马克思一家，但他们还经历了更大的痛苦。马克思夫妇一共生了七个孩子，只有三个女儿长大成人，其余四个孩子都在贫困中相继夭折。每一个孩子的离去都给他们父母心中留下了深深的痛苦，尤其是马克思8岁的大儿子埃德加尔的死更是让他痛不欲生。埃德加尔是个活泼伶俐、讨人喜欢的小男孩，在马克思家最艰难的日子里，家里因为这个小男孩儿而充满生机。马克思眼睁睁地看着这个可爱的孩子死在自己怀里，在儿子的葬礼上，他几度失控。在给恩格斯的信中，他哀叹道：

"我经历过各式各样的麻烦，但现在我才第一次知道什么是真正的不幸。我真是心碎欲绝。"

尽管生活充满了苦难，但是革命乐观主义精神从来没有在这个家庭消失过。马克思一家人经常玩一种填写"自白"的游戏，这在当时的伦敦非常流行。参与者需要填写卡片，回答各种与自己的性格、爱好相关的问题。孩子们常常让他们的父母填写卡片，也让恩格斯填写。这些卡片都保存了下来，我们可以从中了解每个人的好恶、个性和精神追求。

这是马克思填写的部分"自白"：

> *您喜爱的颜色：红色*
>
> *男人的优点：刚强*
>
> *女人的优点：柔弱*
>
> *您喜欢做的事：啃书本*
>
> *您的特点：目标始终如一*
>
> *您喜爱的座右铭：人所具有的我都具有*
>
> *您喜爱的格言：怀疑一切*

关于相同的问题，燕妮是这样回答的：

> *您喜爱的颜色：蓝色*
>
> *男人的优点：坚定*
>
> *女人的优点：热忱*
>
> *您喜欢做的事：缝纫*
>
> *您喜爱的座右铭：纵有万难，处之泰然*
>
> *您喜爱的格言：永不绝望*

马克思没有把"自白"当做一个简单的游戏，而是非常认真地对待每个问题，遇到一些暂时无法回答的问题，马克思会告诉孩子们他想好了再填写。马克思和燕妮通过"自白"与孩子们交流生活体验，告诉他们自己对人生的理解，他们用这种方式培养了孩子，后来他们的三个女儿都成为了出色的社会主义活动家。

19世纪五六十年代，在马克思从事政治经济学研究和《资本论》写作的漫长岁月里，贫困的生活压得他喘不过气，疾病不时地折磨他。此外，反动政府还不断地迫害他，资产阶级的御用学者们经常污蔑他、攻击他。马克思曾说：为了写作《资本论》，"我已经牺牲了我的健康、幸福和家庭"。

9

9　马克思关注中国（木刻）李焕民。马克思从1851年8月至1862年3月连续10多年为《纽约每日论坛报》撰稿。他在上面发表一系列文章揭露西方殖民者对中国的侵略，抨击清朝政府的腐败，歌颂中国人民的革命斗争。

10　《纽约每日论坛报》上关于西方侵略中国的文章《新的对华战争》

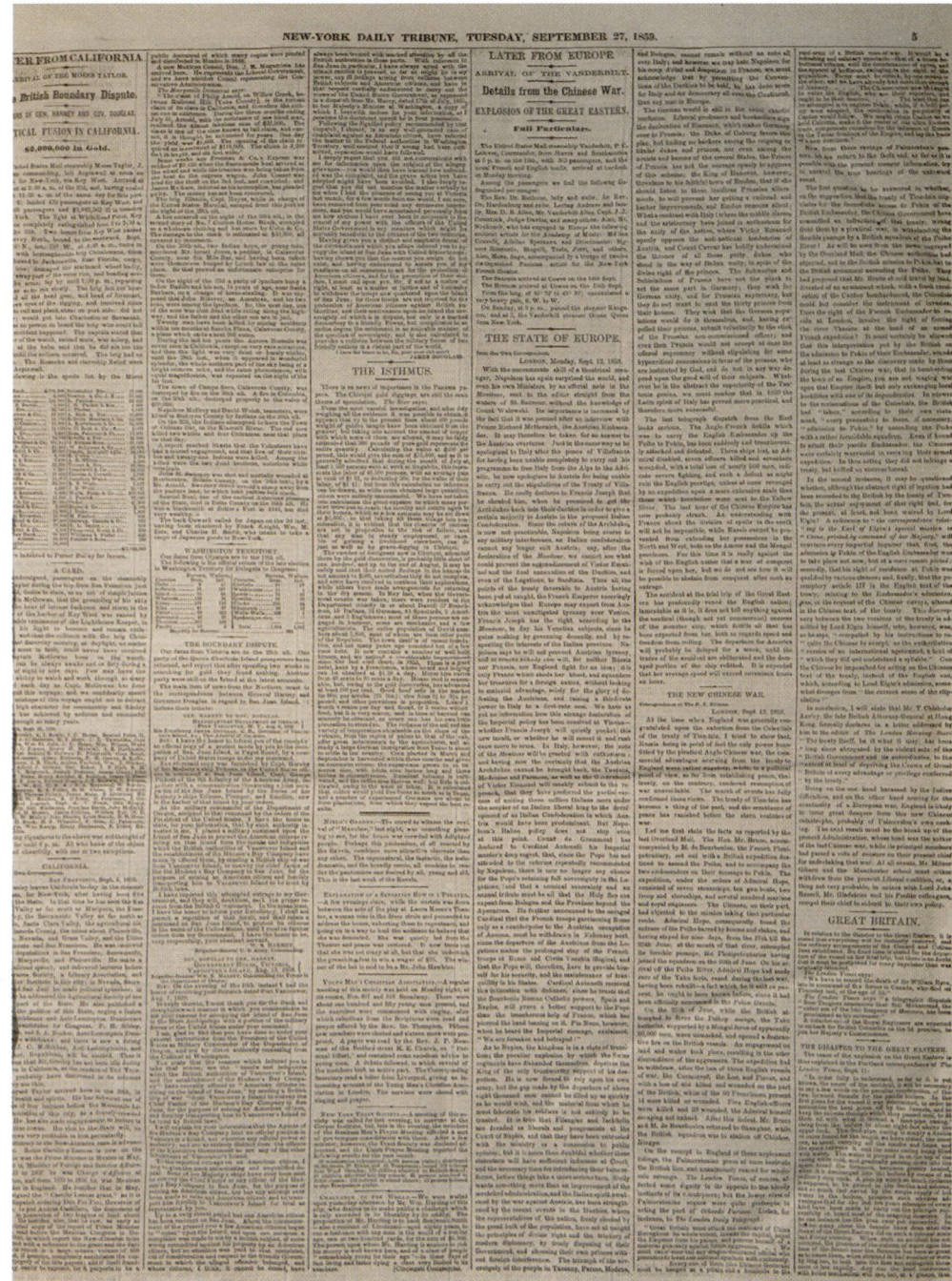

11 逼债（油画）朱乃正。19世纪50年代，黑暗的反动势力统治着欧洲。革命报刊在许多国家被取缔，马克思在经济上没有固定收入，经历着一个极端贫困的时期，他有时连订报纸、买邮票和信纸的钱都没有，甚至不能上街，因为他平时穿的一套外衣还在当铺里。但是这一切丝毫没有改变马克思坚定不移的革命信念和豁达开朗的乐观精神。他还多方关怀其他德国流亡者，担任德国流亡者救济委员会委员。

12 1855年4月12日，马克思写信给恩格斯，告诉他家中发生的不幸，以及恩格斯对他工作的鼓励。"亲爱的孩子曾使家中充满生气，是家中的灵魂，他死后，家中自然完全空虚了，冷清了。简直无法形容，我们怎能没有这个孩子。我已经遭受过各种不幸，但是只有现在我才懂得什么是真正的不幸。""我之所以能忍受这一切可怕的痛苦，是因为时刻想念着你，想念着你的友谊，时刻希望我们两人还要在世间共同做一些有意义的事情。"

13 1857年2月24日马克思致恩格斯的信。信中，马克思对几天没收到恩格斯的信感到焦虑，"你是在哭还是在笑，是在睡觉还是醒着？最近三个星期，我往曼彻斯特寄了各种各样的信，却没有收到一封回信。但是我相信信都寄到了。"

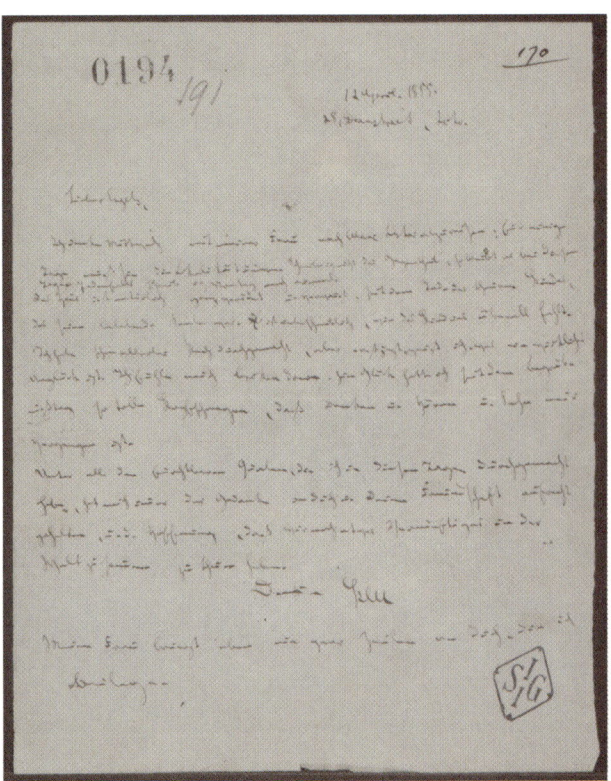

12

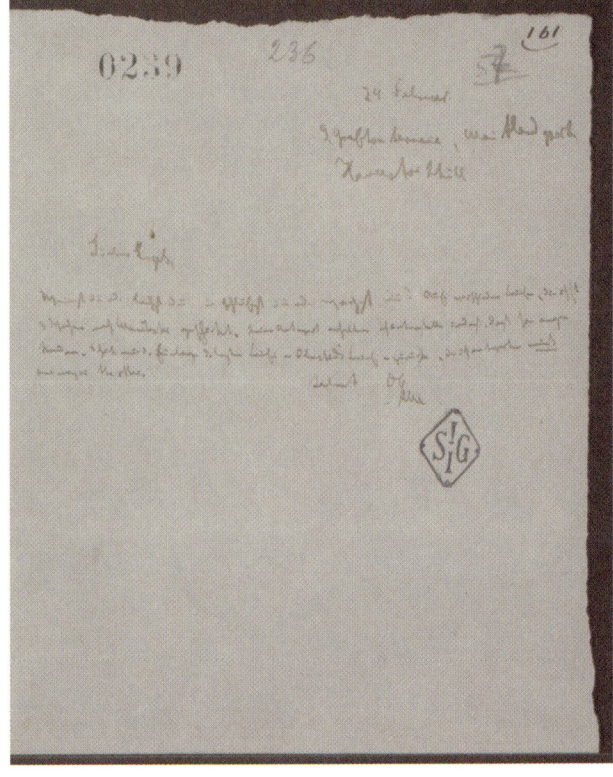

13

14

15

16

14　忘我地工作（木刻）许钦松。19世纪50年代上半期，是马克思一家最为困苦的时期。即使遭受家庭的不幸和生活的艰苦，马克思仍然以坚强的毅力，毫不犹豫地投入到政治经济学研究中。

15　"学习！学习！"（木刻）范一辛。在欧洲反动势力肆虐的年代里，马克思竭尽全力培养和教育革命骨干，威廉·李卜克内西在一批优秀青年中脱颖而出。他回忆马克思对他的教诲时写道："学习！学习！这就是他经常向我们大声疾呼的无上命令，他自己就是这方面的榜样。"

16　伟大的友谊（铜版画）张奠宇。恩格斯一方面通过在曼彻斯特经商帮助马克思一家渡过难关，另一方面又称自己为马克思理论研究的助手。马克思和恩格斯几乎每天都通信，交换对各种问题的看法。

1857—1858年间，马克思以《政治经济学批判》为题完成了一幅篇幅巨大的经济学手稿，这是《资本论》的最初稿本。

　　1859年，马克思出版了《政治经济学。第一分册》。

　　1861—1863年间，马克思创作了第二部经济学手稿。这是《资本论》的第二个稿本。1862年，马克思决定以"资本论"为标题、"政治经济学批判"为副标题发表自己的著作。

　　1863—1865年间，马克思写了《资本论》的三卷手稿，这是一部三千两百多页的巨著，有两百多万字。这是《资本论》的第三个稿本。

　　三卷手稿完成后，马克思没有立即出版，因为他认为他的著作是一个艺术整体，必须以科学严谨的态度对待。他曾说，献给劳动者的东西，如果做不到尽善尽美的话，就是一种罪恶。

　　他用了一年的时间反复修改第一卷，直到1866年底，才把完成了第一卷的定稿交给出版社。第一卷从酝酿到出版耗时20余年，马克思直到临终也没完成第二卷和第三卷的定稿。

　　1867年9月14日，《资本论》第一卷在汉堡出版。

第五章 | 创作划时代巨著《资本论》　　161

17

17　马克思（1867年4月摄于汉诺威）

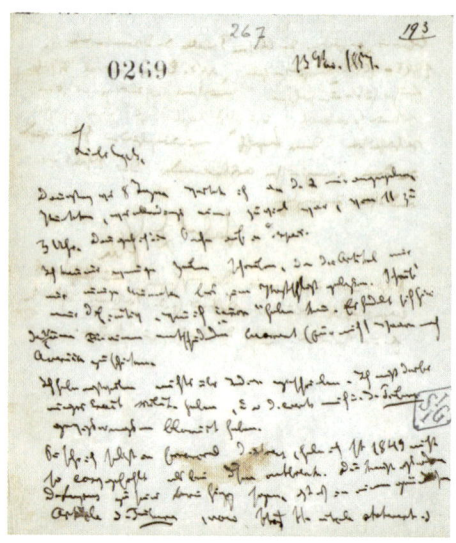

18 1857年11月15日马克思写给恩格斯的信,谈及官方关于棉花市场的报告。

19 1965年7月31日马克思写给恩格斯的信,马克思在信中希望恩格斯提供经济帮助,谈及两人从事的伟大事业:"我诚心告诉你,我与其写这封信给你,还不如砍掉自己的大拇指。半辈子依靠别人,一想起这一点,简直使人感到绝望。这时唯一能使我挺起身来的,就是我意识到我们两人从事着一个合伙的事业,而我则把自己的时间用于这个事业的理论方面和党的方面。"

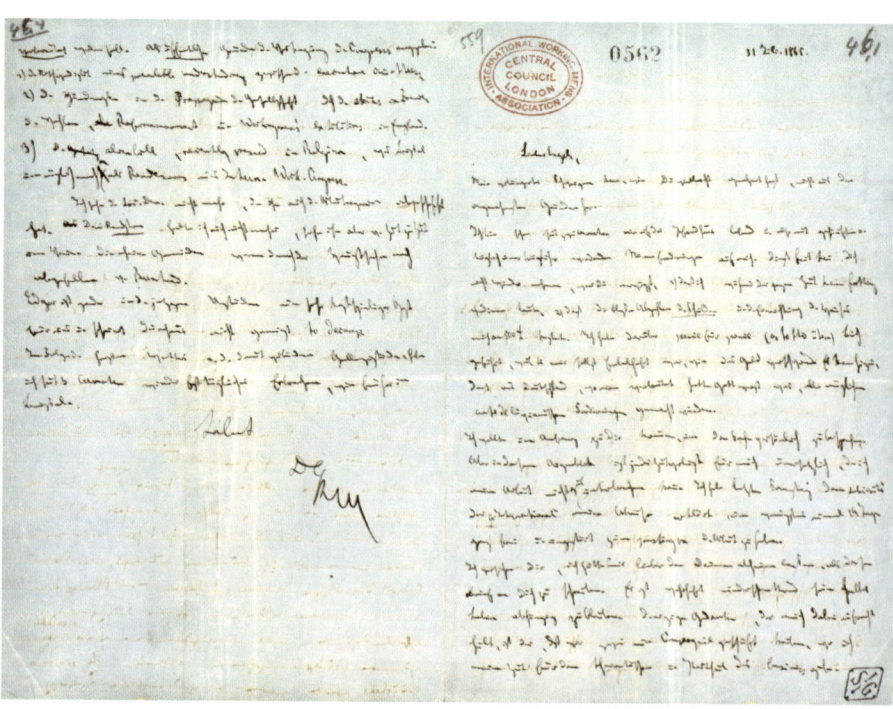

20 《伦敦笔记》手稿。马克思1849年8月迁居伦敦后不久，便开始继续研究政治经济学。从1850年9月至1853年8月，共写了24本笔记，这些笔记被称作《伦敦笔记》。

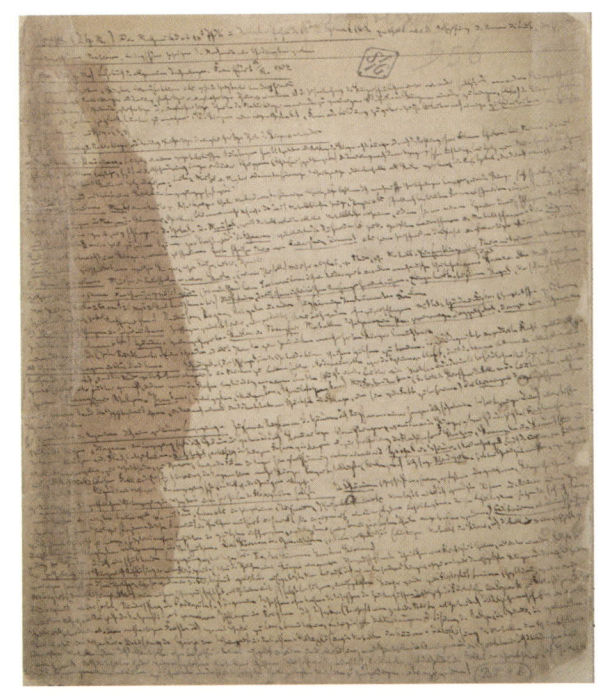

20

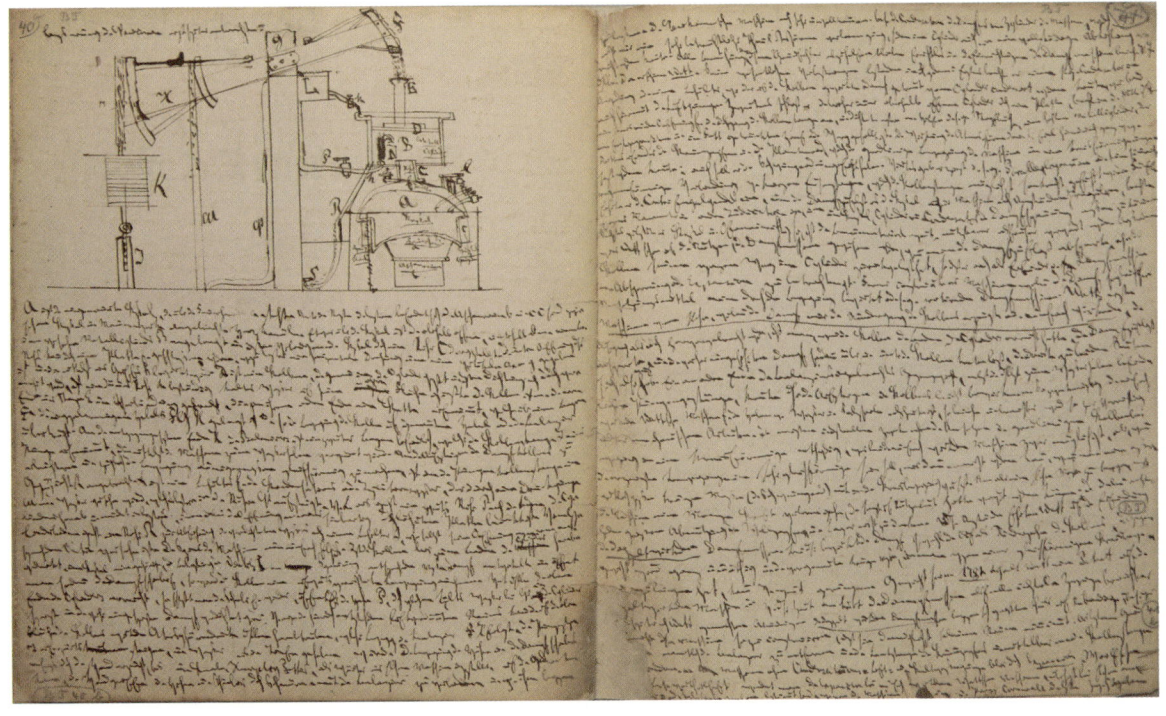

21 《政治经济学批判（1857—1858年手稿）》第Ⅶ笔记本封里以及该笔记本的一页。这是一部未完成的手稿，1859年出版《政治经济学批判。第一分册》时，马克思没有使用这份稿本，另写了一篇《序言》。《政治经济学批判（1857—1858年手稿）》是《资本论》的第一个稿本。

22 《政治经济学批判（1857—1858年手稿）》第Ⅶ笔记本封里（局部）

23 马克思原计划把他的经济学著作分作6册出版，他于1859年在柏林出版了《政治经济学批判。第一分册》，全书由序言、商品、货币或简单流通三部分组成。

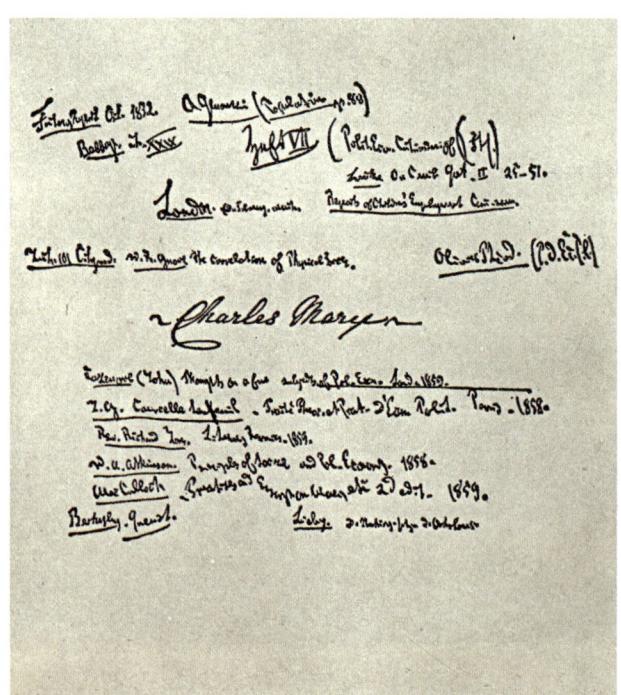

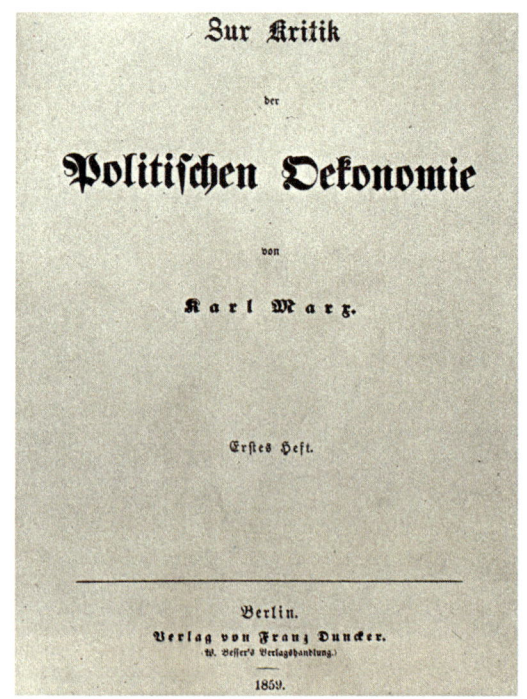

24　马克思在工作中（素描）茹科夫

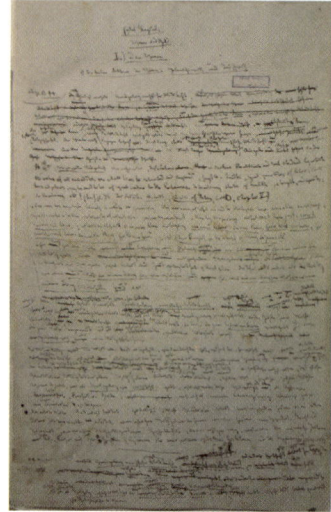
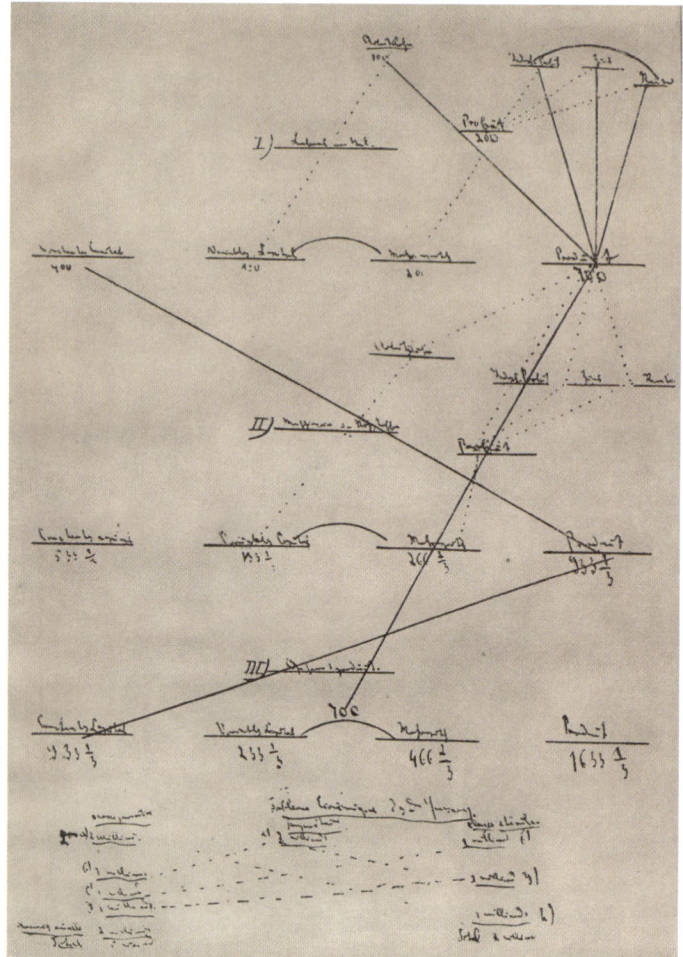

25 1861—1863年马克思写了《资本论》第二个稿本:《政治经济学批判(1861—1863年手稿)》。这是手稿的一页。

26 1862年马克思决定以"资本论"为标题、"政治经济学批判"为副标题发表这部著作。他于1863—1865年写了《资本论》第三个稿本:第一、二、三册手稿。这是手稿的一页。

27 马克思在1863年7月写给恩格斯信中所附的《资本论》中有关再生产过程的图表

28 向恩格斯报捷——《资本论》第一卷完成(油画)何孔德。1867年8月16日凌晨2点,马克思看完了《资本论》第一卷的清样。他二十多年呕心沥血的研究成果终于完成了,他抑制不住内心的激动,连夜写信给一贯给予自己无私援助的亲密战友恩格斯,报告这一喜讯。

29 马克思8月16日写给恩格斯的信。信中写道："这样，这一卷就完成了。其所以能够如此，我只有感谢你！没有你为我作的牺牲，我是决不可能完成这三卷书的巨大工作的。我满怀感激的心情拥抱你！"

30 马克思把《资本论》第一卷献给自己的亲密朋友威廉·沃尔弗，书的扉页上印着：

献给
我的难以忘怀的朋友
勇敢的忠实的高尚的无产阶级先锋战士
威廉·沃尔弗
1809年6月21日生于塔尔瑙
1864年5月9日死于曼彻斯特流亡生活中

31 威廉·沃尔弗

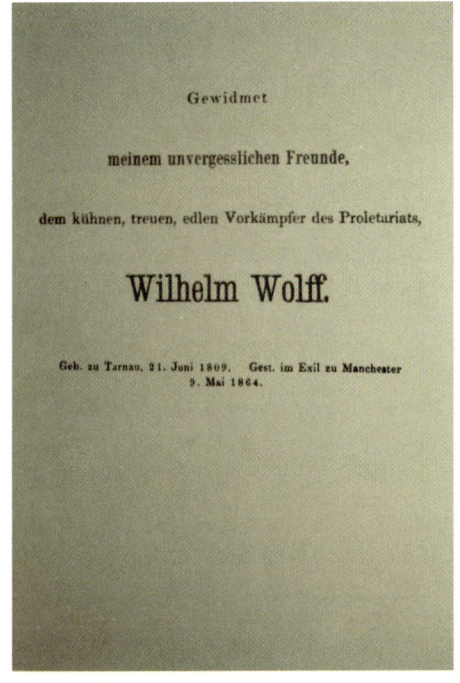

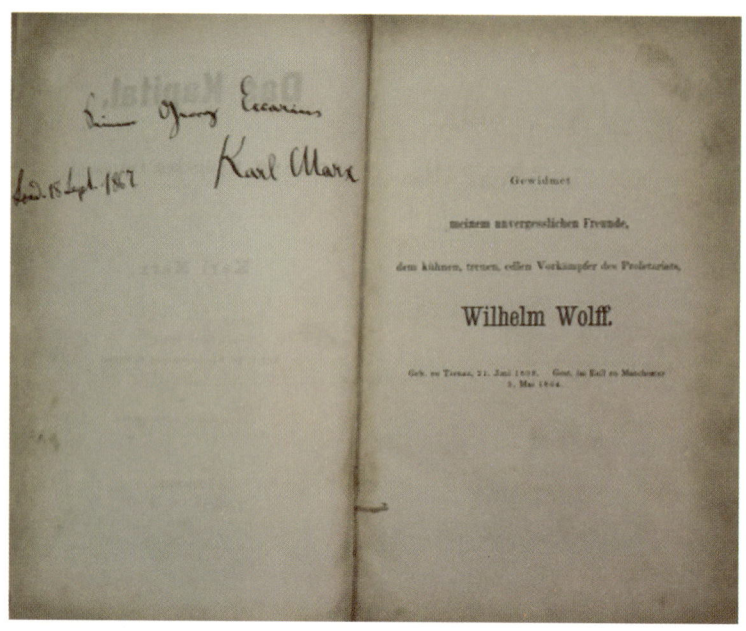

32

32 《资本论》第一卷，1867 年汉堡第一版。从 1843 年起，马克思就开始研究经济学。经过 25 年的辛勤劳动，读了 1500 多本书，做了大量的摘录笔记，终于在 1867 年 3 月底写成了《资本论》第一卷。这是马克思送给艾卡留斯的 1867 年《资本论》德文第一版。

33 马克思批改过的 1872 年《资本论》第一卷德文版

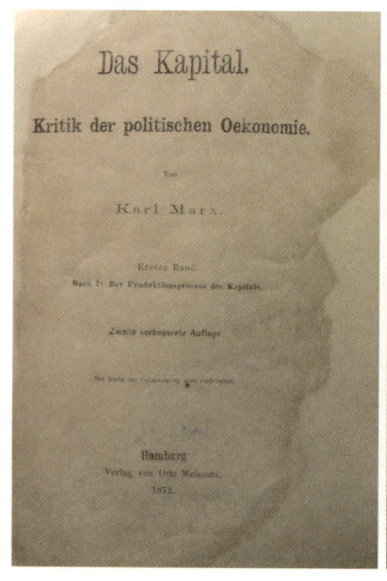 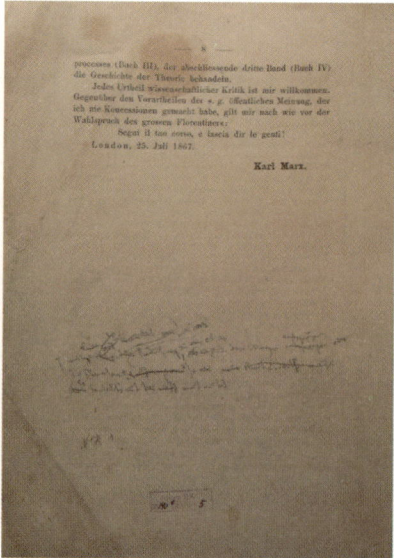 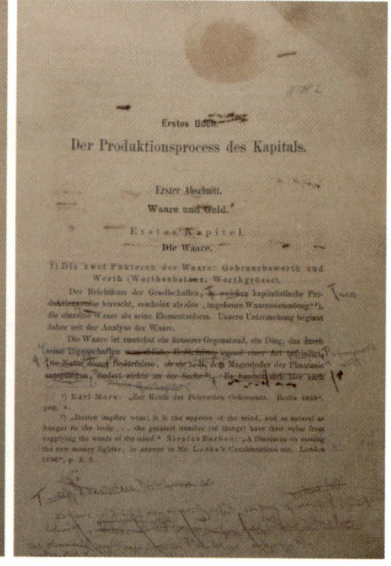

33

34

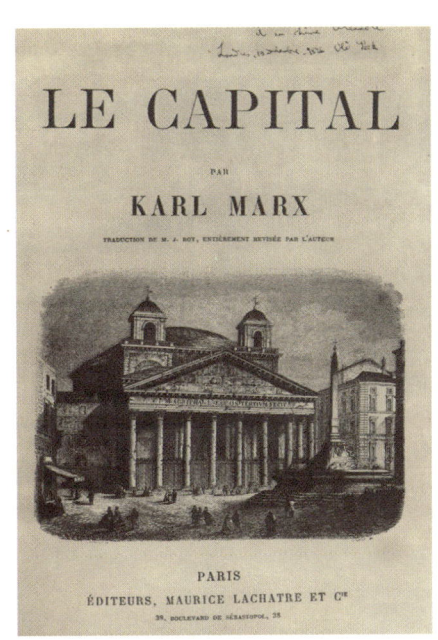
35

34　1872年出版的《资本论》俄文第一卷第1版

35　马克思批改过的《资本论》法文版第一卷

36　1891年纽约出版的《资本论》英文版，这是美国的第一版。

36

37

37 《资本论》在工人阶级中传播（中国画）吴宪生。在艰苦环境中，马克思始终保持不懈奋斗的精神，坚持努力学习，还深入到工人中了解工人阶级状况。

第五章 | 创作划时代巨著《资本论》　　173

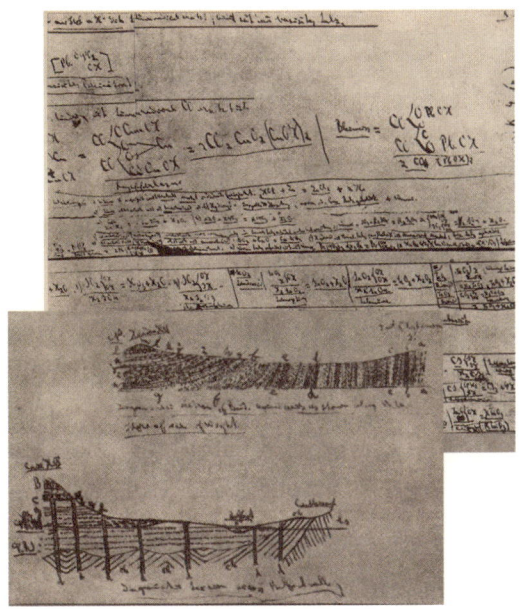

39

38 马克思与肖莱马一八六八年在伦敦（中国画）韩国臻。在创作《资本论》期间，马克思非常关心自然科学的发展，喜欢同著名化学家卡尔·肖莱马讨论这方面的问题。1868年5月中旬肖莱马赴伦敦参加皇家学会会议时，专门探望了马克思。

39 马克思关于化学（上）和数学（下）的手稿

40 马克思学习俄语时记录的语法表。马克思1869年11月29日写信告诉库格曼，他已开始学俄文。

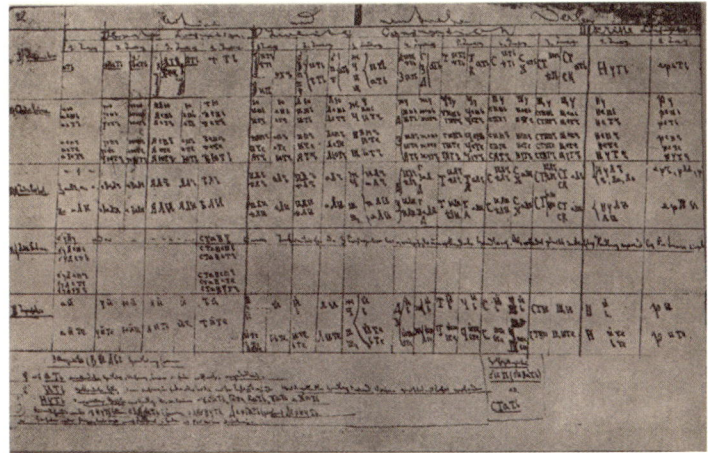

40

41

42

41 马克思在俄国人弗列罗夫斯基《俄国工人阶级状况》一页上的批注。他在1869年11月29日写信告诉库格曼,"彼得堡给我寄来了一本关于俄国工人阶级(当然也包括农民在内)状况的书",这本书即弗列罗夫斯基的《俄国工人阶级状况》。

42 马克思在1867年在哈尔科夫(Charkow)出版的《价格波动理论》一书上作的批注

43 革命的一家人(油画)孙景波。在繁重的工作之余,马克思常常与孩子们一起阅读文学作品,尤其是莎士比亚的著作。

43

44

44　郊游（中国画）黄鸿仪。在节假日，马克思一家人常与恩格斯、李卜克内西等老朋友来到伦敦郊外，赏花踏青，享受自然。

45

45 马克思（摄于1866年）

46 马克思的《自白》（1865年3月）。即使在苦难时期，马克思一家仍保持着乐观向上的精神，填写《自白》是他们喜爱的活动。

您喜爱的优点……淳朴
男人的优点……刚强
女人的优点……柔弱
您的特点……目标始终如一
您对幸福的理解……（空白）
您对不幸的理解……（空白）
您能原谅的缺点……轻信
您厌恶的缺点……逢迎
您讨厌的……马丁·塔珀、堇菜粉
您喜欢做的事……啃书本
您喜爱的诗人……但丁、埃斯库罗斯、莎士比亚、歌德
您喜爱的著作家……狄德罗、莱辛、黑格尔、巴尔扎克
您喜爱的男英雄……斯巴达克、开普勒
您喜爱的女英雄……甘泪卿
您喜爱的花……瑞香
您喜爱的颜色……红色
您喜爱的眼睛和头发的颜色……黑色
您喜爱的名字……燕妮、劳拉
您喜爱的菜……鱼
您厌恶的历史人物……（空白）
您喜欢的座右铭……人所具有的我都具有
您喜爱的格言……怀疑一切

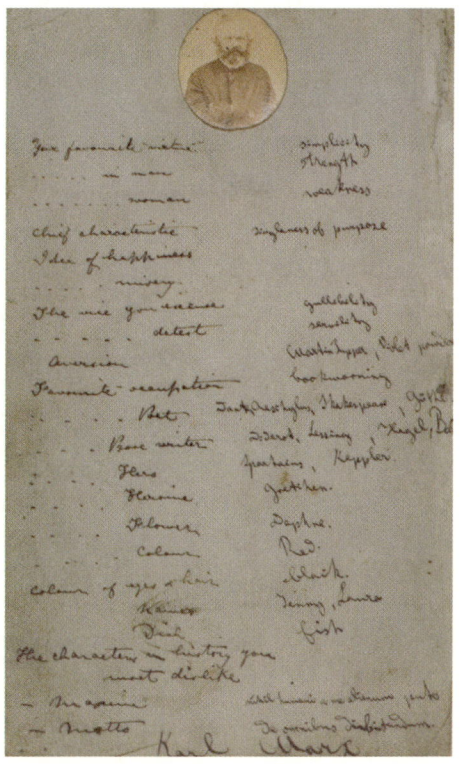

46

47

47　燕妮·马克思（中年）

48　燕妮·马克思的《自白》

　　您喜爱的优点……真诚
　　男人的优点……坚定
　　女人的优点……热忱
　　您的特点……感觉敏锐
　　您对幸福的理解……健康
　　您对不幸的理解……依附别人
　　您能原谅的缺点……犹豫不决
　　您厌恶的缺点……忘恩负义
　　您讨厌的……债务
　　您喜欢做的事……缝纫
　　您喜爱的诗人……歌德
　　您喜爱的著作家……马丁·路德
　　您喜爱的男英雄……科里奥兰努斯
　　您喜爱的女英雄……弗洛伦斯·南丁格尔
　　您喜爱的花……玫瑰
　　您喜爱的颜色……蓝色
　　您喜爱的座右铭……纵有万难，处之泰然
　　您喜爱的格言……永不绝望。

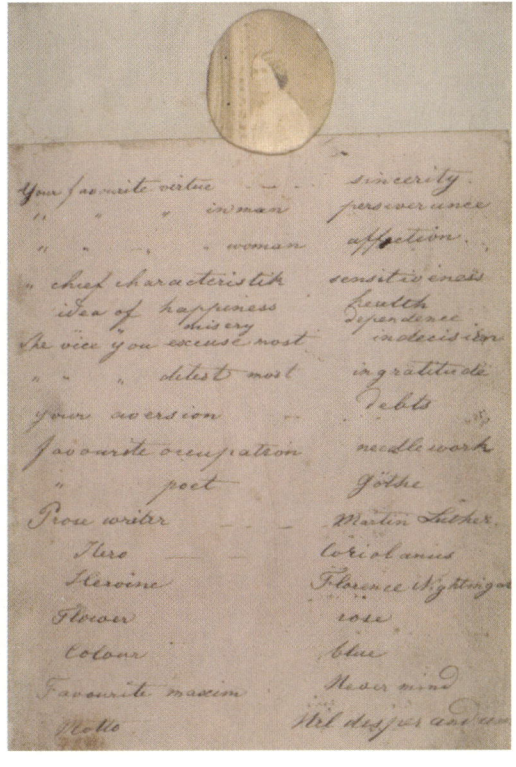

48

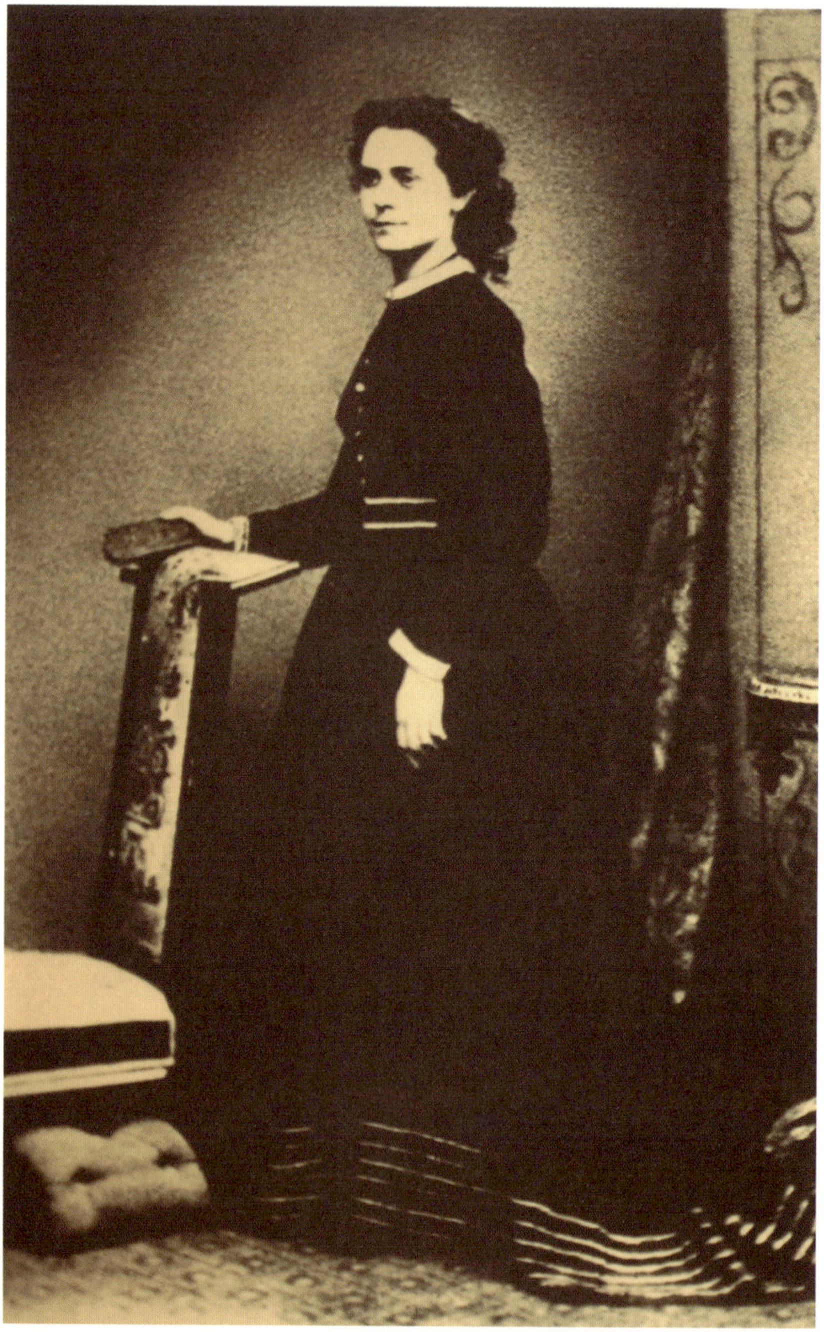

49

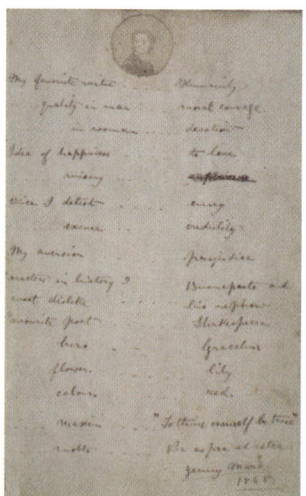

50

49　马克思的大女儿燕妮

50　燕妮的《自白》

51　马克思的二女儿劳拉

52　劳拉的《自白》

Your favourite virtue . . . Truth
in man . . . Justice
in woman . . . Mercy
Your chief characteristic . . . Irresolution
Your idea of happiness . . . The consciousness of being loved
of misery . . . Selfcontempt
The vice you excuse . . . Day dreaming
you detest . . . Cant
Your aversion
Favourite occupation . . . 'Reading'
Poet . . . Shakespeare
Prose writer . . . Cervantes
Hero . . . Shelley
Flower . . . Rose
Colour . . . Azure
Names . . . Percy, Edward & Charles
Favourite maxim . . . "Know thyself"
motto
Magna est veritas et prevalebit
Laura Marx
1865

52

51

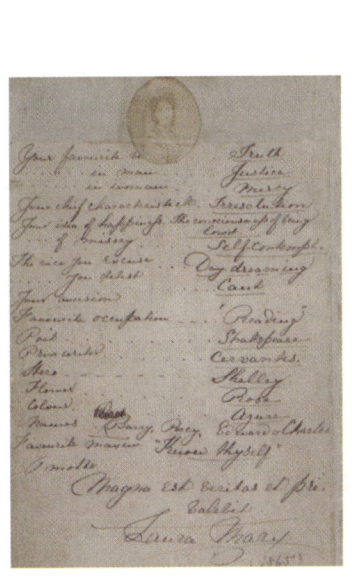

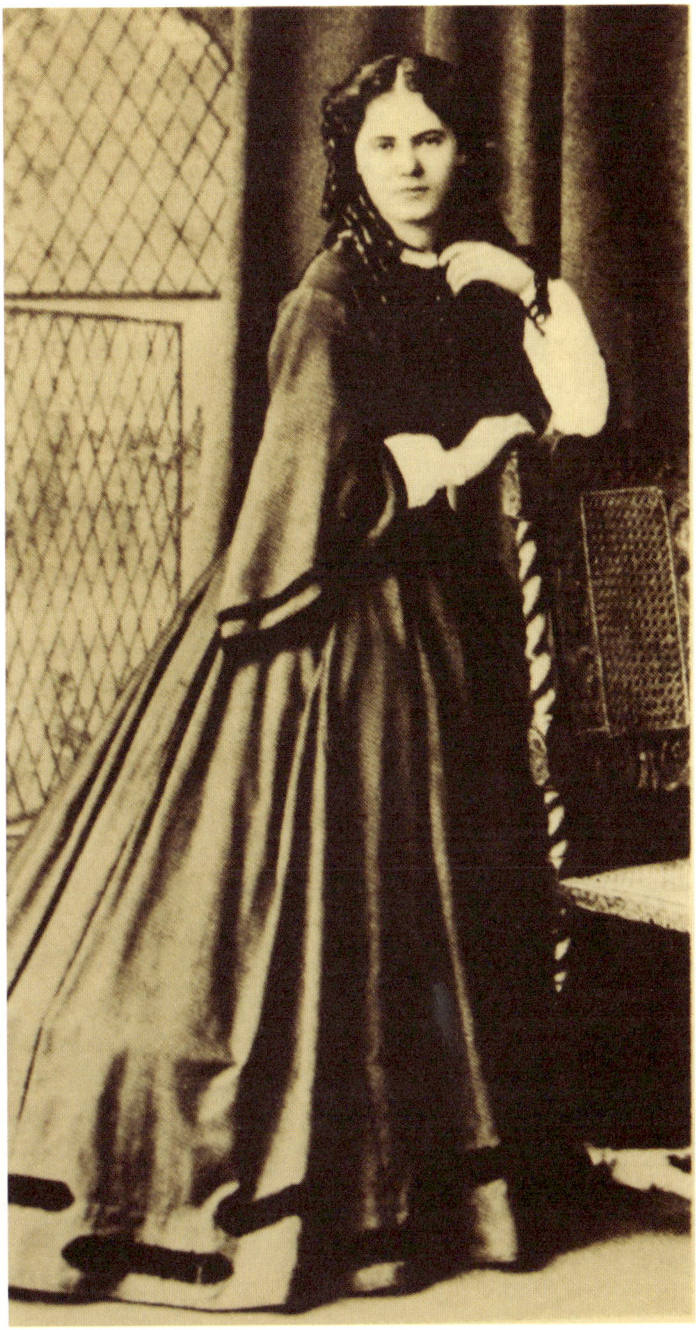

53　马克思小女儿爱琳娜

54　爱琳娜的《自白》

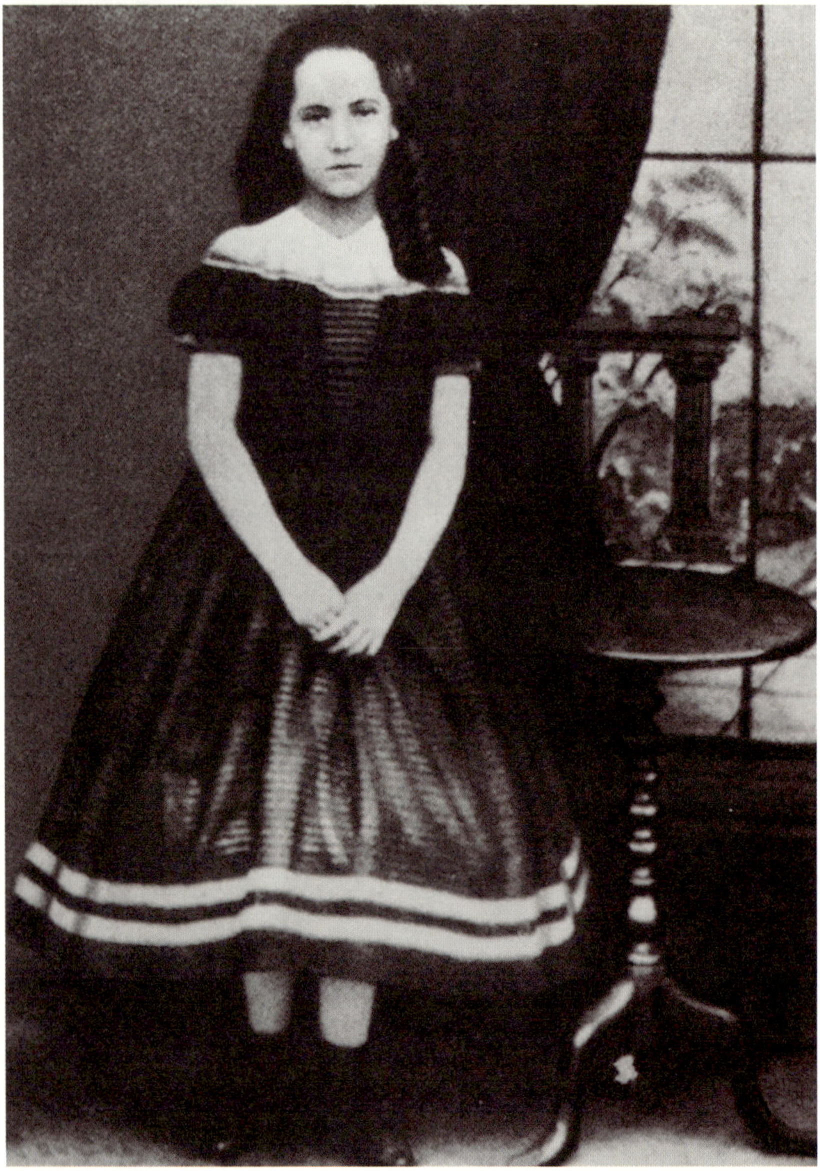

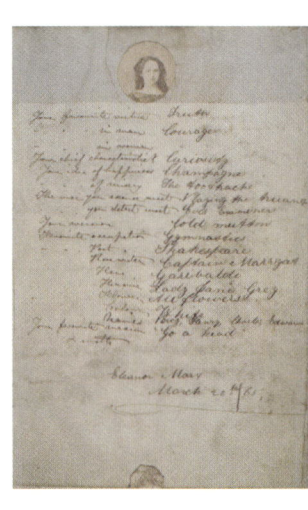

55 马克思大女儿燕妮和二女儿劳拉19世纪60年代早期的合影

56 马克思、恩格斯与马克思三个女儿的合影（约1864年）

57 1866年，马克思和他的女儿燕妮在玛格丽特。

第六章

国际工人协会的领袖

19世纪60年代初，西欧工人运动重新高涨，各国无产阶级加强国际团结的愿望日益增长。

1862年，在伦敦南肯辛顿的皇家园艺学会，举办了第三届世界博览会。这次世博会吸引了近3万名参展者和600多万名参观者。在展出的所有展品中，最引人注目的是蒸汽机、锅炉、火车头和铸钢产品，工艺性很强的玻璃制品也给参观者留下了深刻的印象。这届世博会还首次邀请参展国的文艺团体进行演出和文化交流。法国、德国等国家选派了工人代表参观世博会，英国工人和西欧大陆的工人利用这次机会进行了密切交流，这成为各国工人组织团结行动的新契机。

1863年7月，英国召开声援波兰的大会，法国工人派代表参加大会。11月，英国工人向法国工人发出了一份呼吁书，呼吁"建立各国人民之间的团结"，并建议"召开一个由美国、法国、德国、意大利、波兰等国代表参加的会议"，陆续得到各国工人的响应。

1864年9月28日晚上，在伦敦的圣马丁教堂，各国工人代表汇集一堂，大厅里挂着许多国家的国旗。会场气氛热烈，人多得透不过气来，代表们的发言常常淹没在热烈的欢呼声和掌声中。大会讨论决定成立国际性的工人组织，并选出了临时中央委员会。1个月后正式确定这个组织为国际工人协会，即第一国际，这是第一个无产阶级的国际组织。马克思作为德国工人代表被选为总委员会委员，并担任德国通讯书记。

马克思出席了第一国际成立的盛会，并与各国工人领袖们一起坐在会场中央的长桌旁。

第一国际就国际的纲领和章程进行了多次激烈的讨论，未能达成一致意见，最后委托马克思进行修改。马克思考虑到当时工人运动的发展水平有限，不能简单地重复《共产党宣言》中的那些原则，而应该写成一份通俗的、能被各国工人组织广泛接受的纲领，因此要做出一定妥协，"这就必须实质上坚决，形式上温和"。马克思没有直接使用"共产主义"等词汇，也没有明确提出"暴力革命"等主张，同时保留了"权利""真理""道德"和"正义"等常见的词汇。《成立宣言》和《临时章程》是马克思主义原则性和灵活性相结合的典范，是"一部真正的艺术作品"，成为了团结广大工人阶级的纲领。

1

2

1　马克思（摄于1867年）

2　在国际工人协会（第一国际）成立大会上（中国画）冯远。19世纪50年代末，欧洲工人运动重新高涨起来。1864年，来自英、法、德、意等国的工人代表在伦敦举行会议，成立了国际工人协会（即第一国际）。马克思参加了大会，被选入协会领导机构，马克思为国际工人协会起草了成立宣言、临时章程等重要文件，是国际工人协会的实际领导人。

3　伦敦圣马丁教堂，国际工人协会成立大会会址。

4　圣马丁堂音乐厅（国际工人协会成立大会在此召开）

"When the people of France and England understand their duties and unite, the great problem of the future will be solved."—G. Garibaldi

A PUBLIC MEETING
will be held at
ST. MARTIN'S HALL, LONG ACRE,
On Wednesday Evening, September 28, 1864,
when
A DEPUTATION
APPOINTED BY THE WORKMEN OF PARIS
Will deliver their reply to the Address of their English Brethren, and submit a plan for a better understanding between the peoples.
The meeting will be interspersed with Songs, etc.
Chair to be taken punctually at 8 o'clock.

5

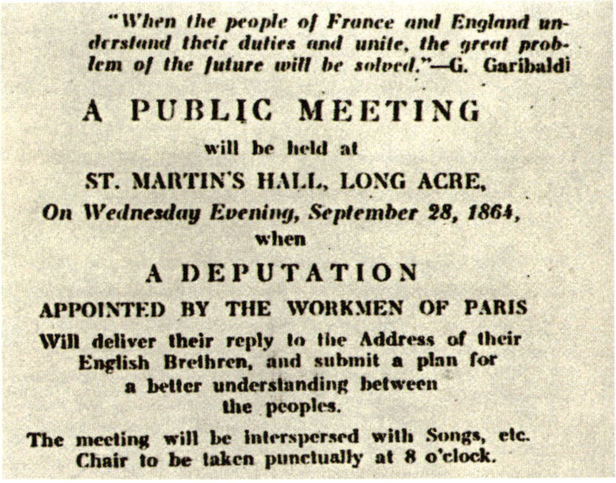

5　1864 年 9 月 28 日国际工人协会成立大会的开会通知

6　《国际工人协会成立宣言和临时章程》英文第一版

7　马克思签名并盖有国际工人协会邮戳的《国际工人协会共同章程和组织条例》法文版

ADDRESS
AND
PROVISIONAL RULES
OF THE
WORKING MEN'S
INTERNATIONAL ASSOCIATION,
ESTABLISHED SEPTEMBER 28, 1864,
AT A PUBLIC MEETING HELD AT ST. MARTIN'S HALL, LONG ACRE, LONDON.

PRICE ONE PENNY.

PRINTED AT THE "BEE-HIVE" NEWSPAPER OFFICE,
10, BOLT COURT, FLEET STREET.
1864.

6

STATUTS GÉNÉRAUX
ET
REGLEMENTS ADMINISTRATIFS
DE
L'ASSOCIATION INTERNATIONALE
DES
TRAVAILLEURS.

ÉDITION OFFICIELLE,
RÉVISÉE PAR LE CONSEIL GÉNÉRAL.

LONDRES,
IMPRIMERIE DE LA SOCIÉTÉ COOPÉRATIVE
TYPOGRAPHIQUE,
59, GREEKSTREET, SOHO, 59.
1871.

Karl Marx

7

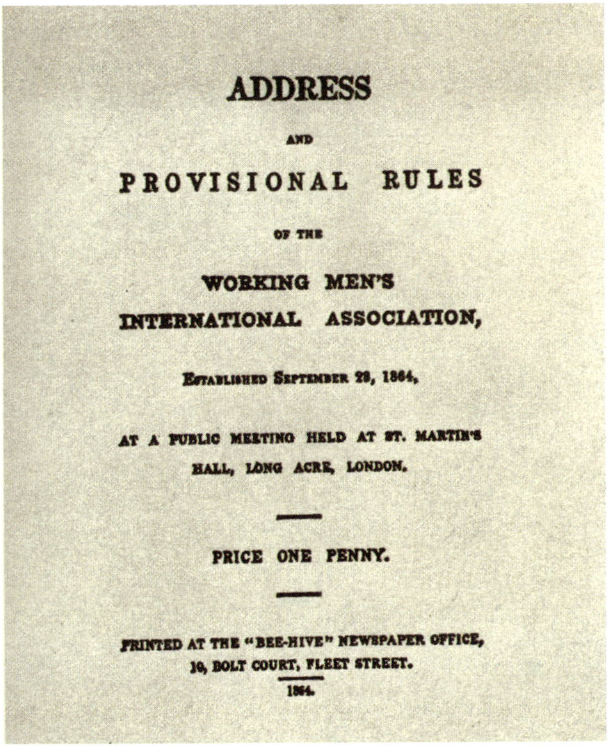

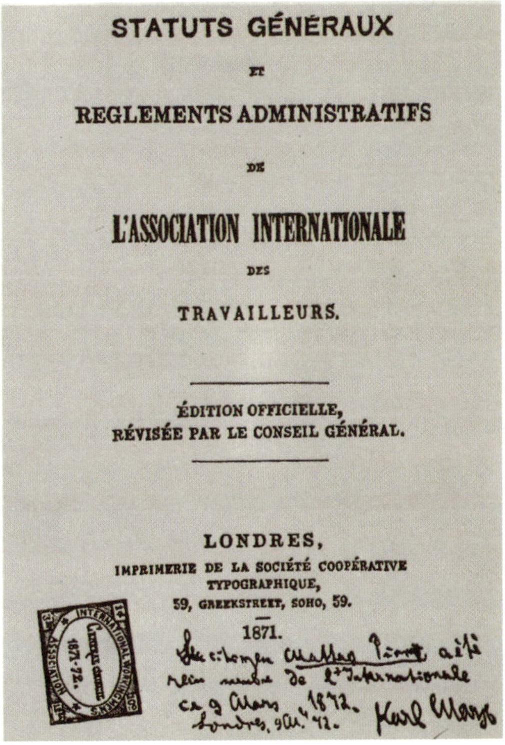

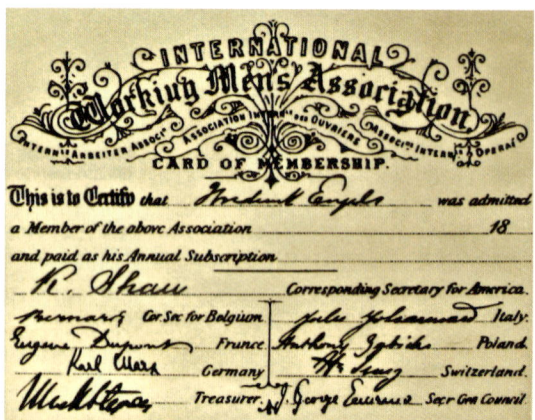

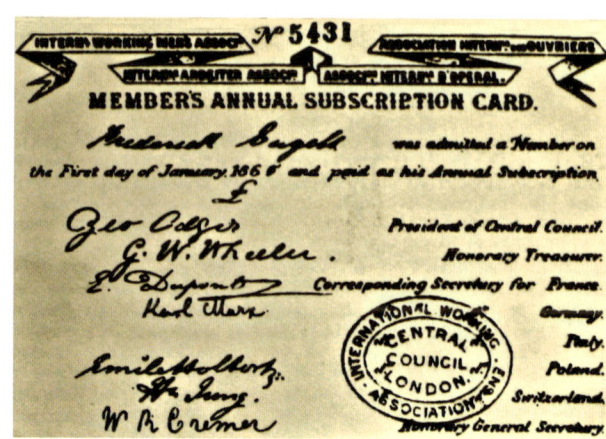

8

8 恩格斯的国际工人协会会员证和缴纳会费的卡片

9 1864年11月4日，马克思写给恩格斯的信。在信中，马克思告诉恩格斯国际工人协会成立的消息，还详细介绍了国际成立和起草《国际工人协会成立宣言》的经过。

9

工人阶级的解放既然要求工人们兄弟般的合作，那么在那种为追求罪恶目的而利用民族偏见并在掠夺战争中洒流人民鲜血和浪费人民财富的对外政策下，他们又怎么能完成这个伟大任务呢？使西欧避免了为在大西洋彼岸永久保持和推广奴隶制进行可耻的十字军征讨冒险的，并不是统治阶级的智慧，而是英国工人阶级对于他们那种罪恶的疯狂行为所进行的英勇反抗。欧洲的上层阶级只是以无耻的赞许、假装的同情或白痴般的漠不关心态度来观望俄罗斯怎样侵占高加索的山区要塞和宰割英勇的波兰；这个头在圣彼得堡而爪牙在欧洲各国内阁的野蛮强国所从事的大规模的不曾遇到任何抵抗的侵略，给工人阶级指明了他们的责任，要他们洞悉国际政治的秘密，监督本国政府的外交活动，在必要时就能用一切办法反抗它；在不可能防止这种活动时就团结起来同时揭露它，努力做到使私人关系间应该遵循的那种简单的道德和正义的准则，成为各民族之间的关系中的至高无上的准则。

——马克思

在第一国际存在的 11 年间，总委员会几乎所有的文件都是由马克思起草的。恩格斯曾经说过：

"叙述马克思在国际中的活动，就等于编写这个协会本身的历史"，*"每届总委员会的灵魂都是马克思"*。

委员会附近有一家小酒馆，马克思经常在散会后，和委员们一起去喝啤酒，谈论各种问题。马克思还常常饭后去工人家里，找工人一同散步，倾听工人的意见。

人们很快就承认，马克思的学识和才华是任何人都比不了的。马克思逐渐建立起了自己的威信，成为第一国际的实际领袖。

1870 年，恩格斯回到伦敦以后，根据马克思的提议，被选入第一国际总委员会，还先后担任意大利等多国的通讯书记。在马克思和恩格斯的领导下，国际工人运动又蓬勃发展起来。

10　关于1864—1871年国际工人协会事务的小册子。国际工人协会成立后，影响日益扩大，各国工人的团结日益加强，许多国家都建立了国际的支部，并多次召开代表大会和代表会议。

11

12

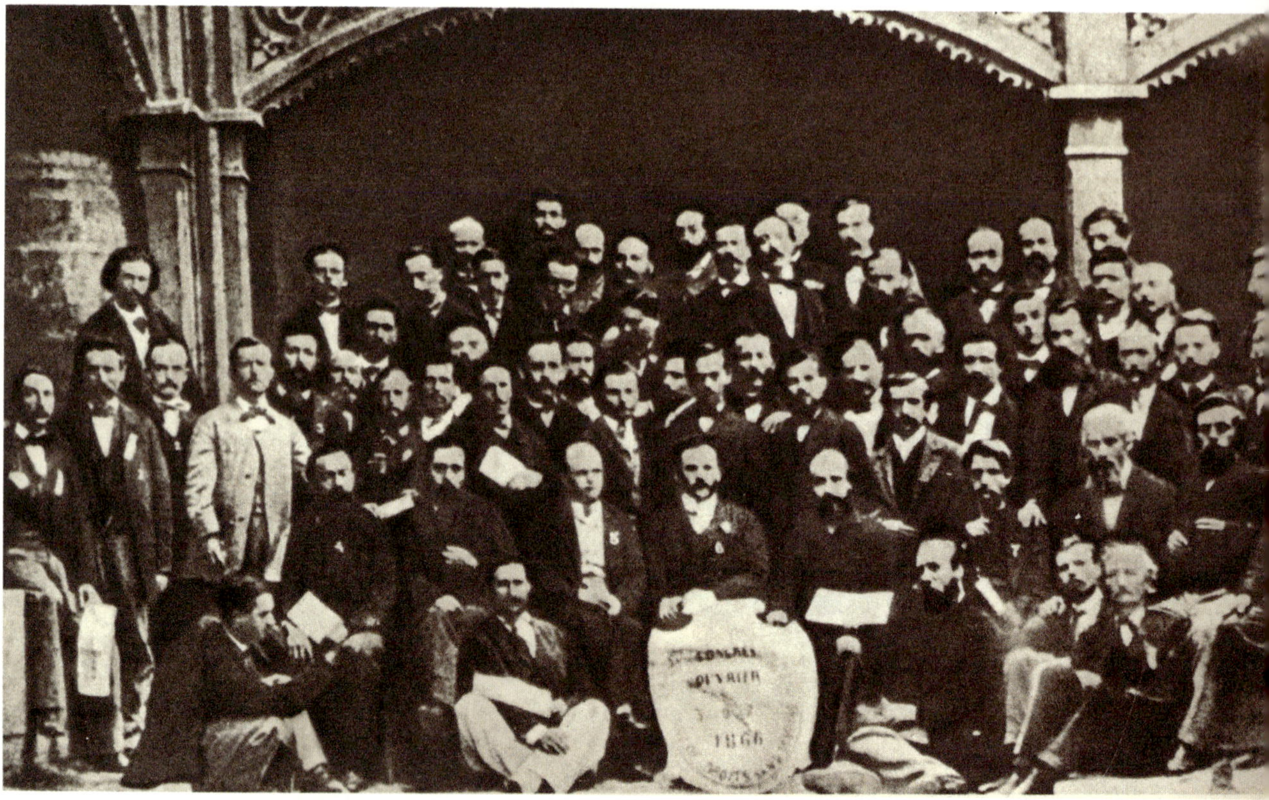

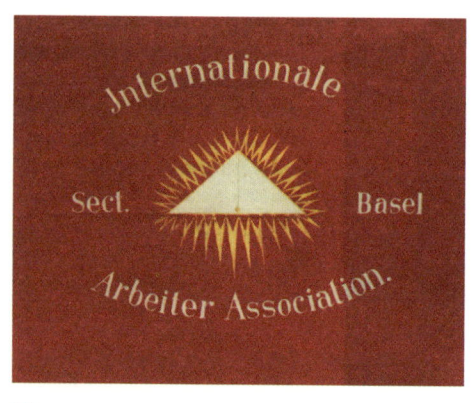

11　1866 年国际工人协会日内瓦代表大会的代表合影。在大会上，拥护马克思的代表与蒲鲁东主义者进行了针锋相对的斗争，大会通过了各项正确的决议，马克思主义取得重大胜利。

12　国际工人协会巴塞尔支部的旗帜

13　1869年国际工人协会巴塞尔代表大会的代表。在大会上，巴枯宁分子用恶劣的手段伪造代表证件，妄图夺取多数选票，迫使马克思领导的总委员会辞职，并把总委员会搬到他们控制的日内瓦去。马克思、恩格斯揭穿了他们的阴谋，使得巴枯宁的企图破产。

14　德累斯顿、柏林、布伦瑞克、科隆、莱比锡、马格德堡、索林根、维也纳等地应邀出席巴塞尔大会的代表名单。

15　19世纪60—70年代，英国伦敦（见上左，海德公园工人的集会）、法国巴黎（见上右，制糖厂的工人罢工）、比利时（见下左，矿工和冶金工人与军队的冲突）、爱尔兰（见下右，都柏林审判芬尼社社员的法庭现场）的罢工斗争和民族解放运动此起彼伏。马克思不仅领导国际工人协会支持和指导各国工人运动，还亲自起草协会文件，声援各国的罢工斗争。

16 在莱比锡和不伦瑞克社会党人案件审判中,社会民主党被指控与国际工人协会有官方联系,指控是非法的。对此,卡尔·马克思以宣誓的方式担保,威廉·白拉克和其他党的委员会成员只会以私人身份加入国际工人协会。

17 1865年6月20日和27日,马克思在国际工人协会中央委员会上两次作《工资、价格和利润》的报告,他用通俗易懂的语言阐述了《资本论》的一些重要原理,论证了工人阶级开展经济斗争的必要性和重要性,强调要把经济斗争和政治斗争结合起来。

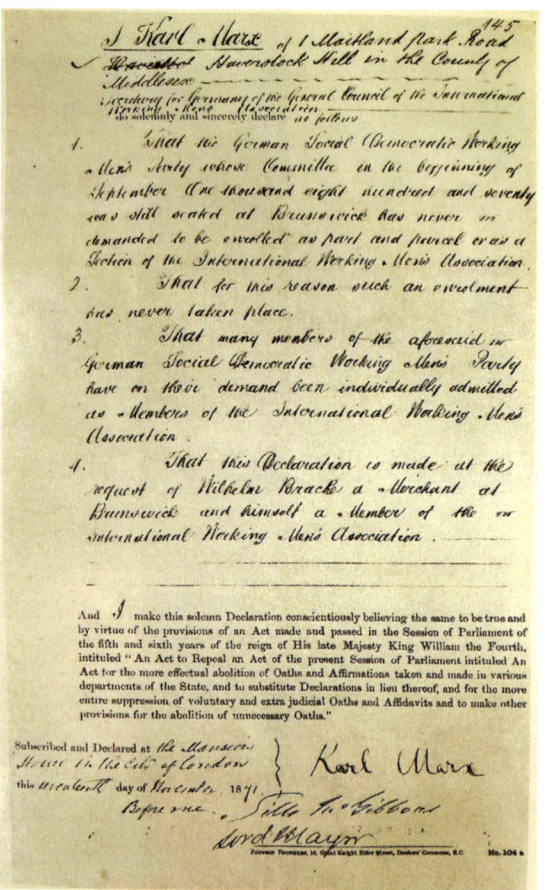

16

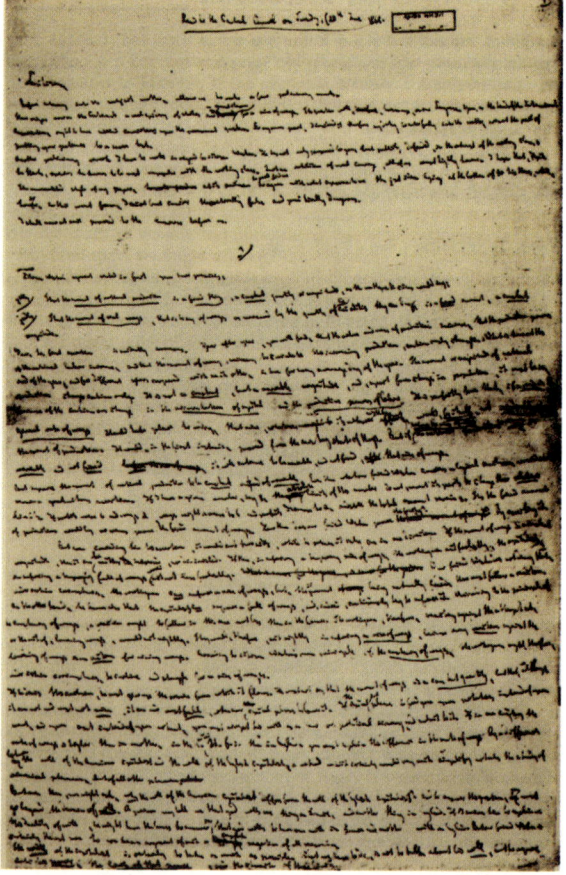

17

18 马克思的土地和劳动同盟盟员证。土地和劳动同盟是英国革命工人组织，1869年10月在伦敦成立，提出了土地国有化、实行普选权、缩短工作日和建立农业移民区等要求。

19 1864年11月，马克思代表国际工人协会中央委员会起草的祝贺阿伯拉罕·林肯再度当选美国总统的信。信中高度赞扬了林肯领导自己国家进行解放被奴役种族和改造社会制度的战斗，认为这是"即将到来的时代的先声"。

18

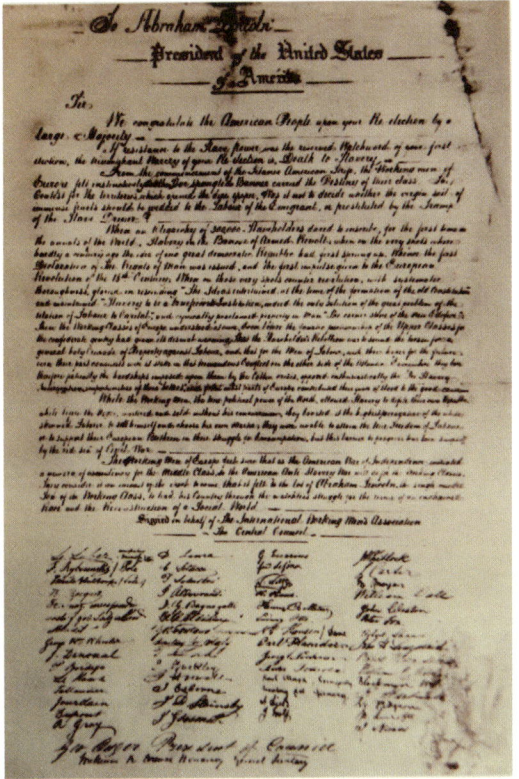

19

20 在伦敦代表会议上（油画）李台还。在各国统治阶级变本加厉的镇压和迫害下，国际工人协会的代表大会难以召开，但是面临着巴枯宁分子和其他宗派主义分子的分裂活动以及来自反动舆论的造谣诬蔑，国际工人协会又需要采取相应的措施。为此，在马克思和恩格斯的积极筹备下，协会于1871年9月17—23日，在伦敦举行秘密会议，讨论在新形势下工人阶级的政治行动和组织原则。

21 马克思和恩格斯的小册子《所谓国际内部的分裂》的扉页。伦敦代表会议以后，巴枯宁分子加强了敌对活动，他们在 1871 年 11 月召开的无政府主义者桑维耳耶代表大会上通过了一个反对国际总委员会的通告。为此马克思和恩格斯写了《所谓国际内部的分裂》一文，揭露了无政府主义者的真正目的及其敌视工人运动的宗派活动。

22 马克思在国际总委员会会议上发言（素描）明科夫、罗曼诺夫。随着巴枯宁分子在国际内部分裂活动的加剧，开展决定性的斗争已经迫在眉睫。1872 年 5 月 28 日，马克思在总委员会会议上提出召开国际工人协会代表大会。根据马克思、恩格斯的建议，代表大会定于 9 月在荷兰海牙召开。

21

22

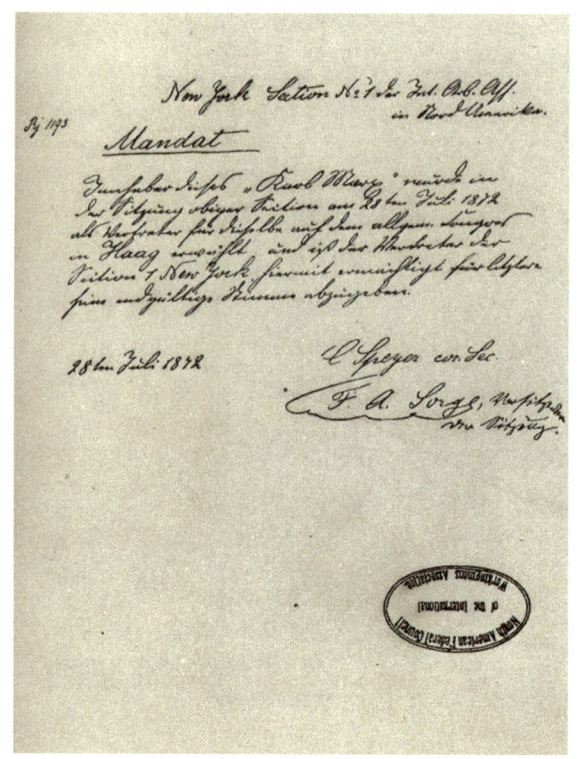

23 1872年6月18日国际总委员会会议记录的一页。这次会议讨论了马克思提出的有关下次会议讨论海牙代表大会筹备工作的建议。

24 1872年7月28日国际工人协会纽约德国人第一支部发给马克思出席海牙代表大会的委托书

25

25 抵达海牙(中国画)马振声。马克思和恩格斯同左尔格及英国代表从伦敦出发,于1872年9月1日到达海牙,参加于2—7日举行的大会。

26 清算巴枯宁主义（油画）高莽

27 法国《小报》于1872年9月9日报道了马克思出席海牙代表大会的消息

28 海牙代表大会结束后代表们步出会场（版画）佚名

29 在阿姆斯特丹群众大会上（木刻）俞启慧。海牙代表大会后，包括马克思在内的大多数代表应国际地方支部要求，前往阿姆斯特丹。马克思在群众大会上发表演说，感动了所有人："我将一如既往，把自己的余生贡献出来，争取我们深信迟早会导致无产阶级在全世界统治的那种社会思想的胜利。"

27

30　马克思和恩格斯的《社会主义民主同盟和国际工人协会》。海牙代表大会后，马克思和恩格斯根据大量材料，撰写了《社会主义民主同盟和国际工人协会》，揭露巴枯宁分子的阴谋诡计，总结了国际在理论上和组织上对巴枯宁分子的斗争。

28

29

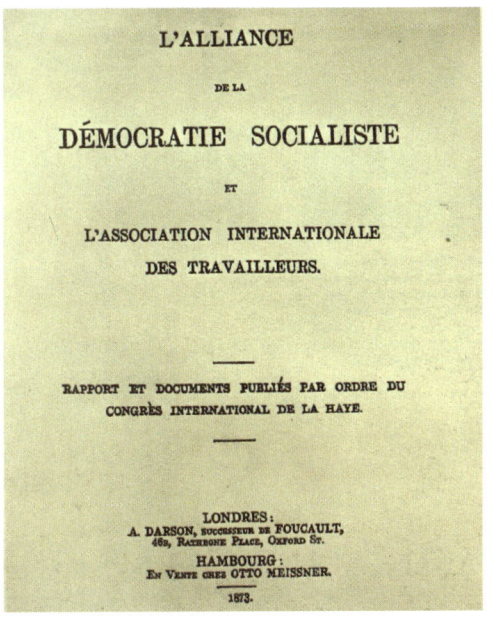

30

31

31 马克思和小女儿爱琳娜在一起（木刻）裴天林。马克思的夫人和三个女儿都是他事业上的得力助手,她们积极支持马克思在国际工人协会的工作,为无产阶级解放事业作出了宝贵贡献。

32

32 马克思和大女儿燕妮（摄于1869年）
33 马克思的大女儿燕妮·马克思

33

34

35

34 沙尔·龙格,1872年与燕妮结婚。

35 龙格夫妇

36 马克思的二女儿劳拉·马克思·法拉格

37 保尔·拉法格,1868年与劳拉结婚。

38 保尔·拉法格的《自白》

36

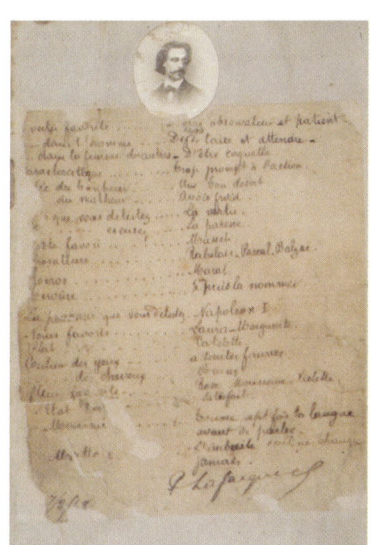
38

37

39　马克思的小女儿爱琳娜·马克思

40　马克思的小女儿爱琳娜·马克思

39

41 马克思走访工人理论家（油画）高莽。1869年9月，马克思在女儿燕妮的陪同下，准备到汉诺威去看望库格曼，途中他们又专程拜访了工人理论家狄慈根。

41

第七章

支持巴黎公社

巴黎，一座具有光荣革命传统的城市。街头到处是清一色的灰蓝色屋顶，楼下布满精致的小咖啡馆，人们悠闲地在这里消磨着时光。漫步巴黎街头，人们会不由自主地放慢脚步，感受这里浪漫的气息。但是，170多年前，这里的每一条街巷都进行过殊死的战斗，硝烟弥漫、枪炮轰鸣。巴黎公社那一段可歌可泣的历史至今让人们无法忘怀。

1870年，法国在普法战争中遭到惨败。资产阶级的"国防政府"丧权辱国，对普鲁士奴颜婢膝，割地赔款，激起巴黎人民极大愤慨。巴黎民众自发武装起来，组建了国民自卫军，并选出了自己的领导机关——国民自卫军中央委员会，与"国防政府"对垒。

1871年3月18日凌晨，急促的钟声划破了宁静的夜空，唤醒了巴黎。工人、市民涌向街头，国民自卫军拿起武器，一场人民革命爆发了。下午两点半，中央委员会下令占领陆军部、市政厅和其他政府大厦，人民武装以排山倒海之势向巴黎中心区挺进。当天晚上，起义者的红旗在市政厅大厦上升起，巴黎成了无产阶级的天下。

1　普法战争场景。19世纪中后半期,普鲁士王国和法兰西第二帝国为争夺欧洲大陆主导权,矛盾日益尖锐。1870年7月19日普法战争爆发。

2

2　1870年9月法军在色当会战中遭受惨败。图为色当会战中法军的炮兵阵地。

3　普法战争爆发当天，马克思受国际总委员会委托起草关于这次战争的宣言。这是马克思在1870年7月23日起草的国际工人协会总委员会关于普法战争第一篇宣言的德译文。

4　国际工人协会总委员会关于普法战争的第二篇宣言的德译文（马克思手稿）

3

4

5   法军在色当会战中溃败和拿破仑第三被俘的消息传到首都后，愤怒的巴黎人民起来推翻了王朝统治，建立了法兰西共和国。

6   新成立的法兰西共和国当权派对内镇压人民，对外卖国投降，激起了巴黎人民的奋起反抗。1871年3月18日，巴黎国民自卫军战士和巴黎人民举行武装起义，夺取了资产阶级政权。3月19日，国民自卫军中央委员会发布关于通过选举成立巴黎公社的告人民书，宣告即将由工人通过选举成立公社，并在公社成立后，把政权移交给公社。

3月28日，巴黎20多万军民在市政厅广场上举行了隆重的公社成立大会。这一天，阳光灿烂，广场被涂上一层金辉，市政厅大楼前面搭起一个高大的主席台，台上两侧红旗随风起舞，全副武装的国民自卫军列队在广场上。公社委员庄严宣布"公社成立"，顿时礼炮齐鸣，群众欢呼"公社万岁"，人类历史上第一个无产阶级政权——巴黎公社诞生了。

巴黎公社革命第一次实际地验证了马克思关于无产阶级革命和无产阶级专政的历史必然性的论断，是实现《共产党宣言》目标的第一次伟大尝试，在摧毁旧的国家机器、创建新的无产阶级政权方面，采取了许多具有非凡创造性的措施：废除了资产阶级的常备军和警察，用人民的武装来代替；废除了资产阶级的议会制度，实行立法和行政机构统一的制度；废除了资产阶级的官僚制度，政权由为人民服务的"社会公仆"组成；废除了僧侣特权，实行政教分离。

公社的伟大创举体现了无产阶级和广大人民群众的根本利益，反映了公社的工人政府的性质特征。正如马克思所指出：

> "公社的真正秘密就在于：它实际上是工人阶级的政府。"

在公社存在期间，巴黎人民生活充满阳光、充满欢乐。他们用心思索、艰苦奋斗，朝气蓬勃地致力于新社会的建设，短时间内奇迹般地改变了巴黎的面貌。咖啡馆里不再坐着脑满肠肥的将军、太太，这里不再是资本家寻欢作乐的乐园，而是人民的巴黎。

7　1871年3月28日国民自卫军在市政厅广场宣布巴黎公社成立，人们洋溢在红色的海洋中。

8　公社委员会举行会议

8

马克思在起义爆发后,热情支持巴黎公社革命。他给第一国际在各地的会员写了几百封信,揭露资产阶级对巴黎公社的诽谤和污蔑,号召工人组织起来声援巴黎公社。

马克思和恩格斯密切注视着巴黎革命形势的发展,细心搜集和研究所有关于公社活动的消息,他们还通过各种渠道,直接与公社保持联系,向公社领导人提出建议,给予具体指示。马克思在得到凡尔赛和普鲁士秘密勾结的消息后,立即写信告诉公社领导人要行动果断,应迅速消灭凡尔赛军队。但公社领导没有听取马克思的忠告,梯也尔政府开始反扑。

9

9　坚决站在"冲天的巴黎人"一边（**油画**）　张文新

10 马克思通过一位德国商人转达自己对公社的建议（水粉画）汤小铭。马克思对公社的事业十分关心，通过各种渠道了解公社的情况，并给公社出主意、想办法，公社的一些领导人也常常主动征求马克思的意见。

11　1871 年 3 月 29 日发布的巴黎公社成立宣言

12　1871 年 4 月 16 日英国海德公园 3 万多名工人声援巴黎公社

13　根据公社的法令，劳动人民从当铺里无偿地拿回自己的生产工具和物品。

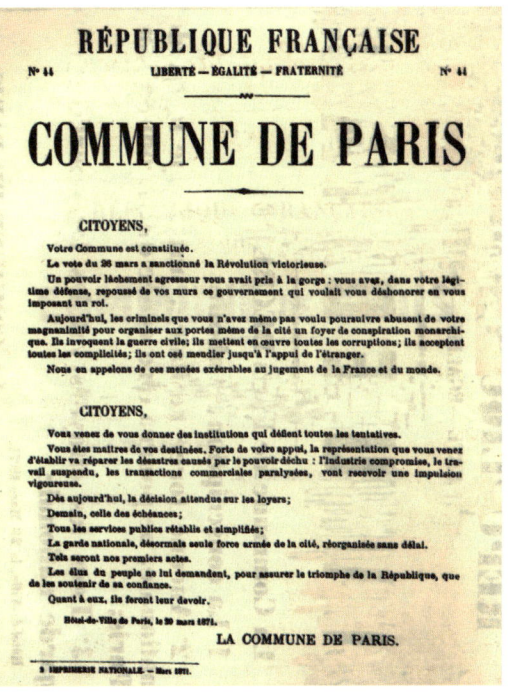

11

12

13

14　1871年5月16日巴黎公社战士推翻并打碎了象征民族沙文主义的旺多姆圆柱

15　俾斯麦为了配合梯也尔反动政府推翻公社，早早地将法国战俘释放，以便充实法国政府的反动力量。

16　面对梯也尔反动政府的围剿，公社社员在街道构筑街垒，进行了殊死抵抗。

14

第七章 | 支持巴黎公社　239

15

16

17　公社军事首脑德勒克吕兹
18　巴黎公社战士图

在巴黎东部，坐落着著名的拉雪兹公墓，这是巴黎市区最大的公墓，也是著名的名人墓地，法国作家巴尔扎克、英国作家王尔德、波兰钢琴家肖邦等人都安葬于此。1871年5月27日，一场激战在雨中的墓地展开，300名公社战士奋力抵抗着5000多名凡尔赛军的进攻，直到打完最后一颗子弹，流尽最后一滴血。当天晚上，凡尔赛骑兵押着被俘的1200多名公社社员来到墓地，全部屠杀。

在公墓内一个不起眼的角落，有一堵墙，今天人们把它叫做"公社社员墙"。1871年5月28日，反动武装将最后一批公社战士逼至这堵墙下，147名战士面对敌人的枪口，高呼"公社万岁"的口号，全部壮烈牺牲。

巴黎失陷了，残酷的报复开始了。梯也尔政府对公社社员和市民进行了惨无人道的屠杀。几天内，约3万人遭到杀害，4.5万人被捕。人类历史上的第一个无产阶级政权倒在了血泊中。但是，公社的精神是永存的。今天，在巴黎公社之友协会还保留着公社街垒战时的一面红旗。

19   1871年5月23日国际工人协会总委员会会议记录的一页。马克思在会上作了关于巴黎公社的发言，论述了公社的即将失败是法国资产阶级和俾斯麦订立同盟的结果，还论述了对国际工人协会的迫害。马克思在这篇讲话中指出："公社的原则是永存的，是坚不可摧的"。

20   经过英勇抵抗，最后一批社员退到拉雪兹公墓的一处墙角后被凡尔赛的军队射杀，1871年5月28日巴黎公社最终失败。

21   巴黎公社失败后，大量被捕的公社社员被杀害。

20

21

巴黎公社革命失败后的第三天，马克思就向第一国际总委员会提交了关于巴黎公社的长篇宣言，即《法兰西内战》。在这部光辉的著作中，马克思用大量事实和战斗性的文字总结了巴黎公社的战斗历程和革命经验，阐述了巴黎公社的性质和伟大功绩，充分肯定了巴黎公社作为真正民主的国家所采取的各项措施，发展了无产阶级革命和无产阶级专政的理论。

22 马克思（1872年上半年于伦敦）

23 《法兰西内战》初稿手稿（左）和二稿手稿（右）。巴黎公社成立后，马克思先写了《法兰西内战》初稿和二稿，从5月6日起开始定稿。1871年5月30日，即巴黎最后一个街垒陷落两天后，总委员会一致批准了马克思宣读的《法兰西内战》。

22

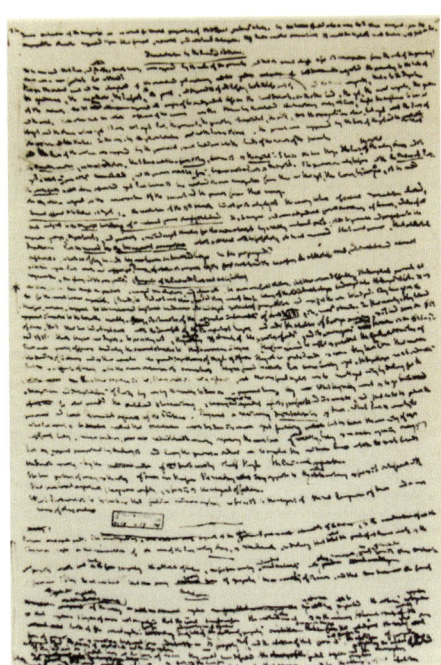 

23

英勇的三月十八日运动是把人类从阶级社会中永远解放出来的伟大的社会革命的曙光。

——马克思

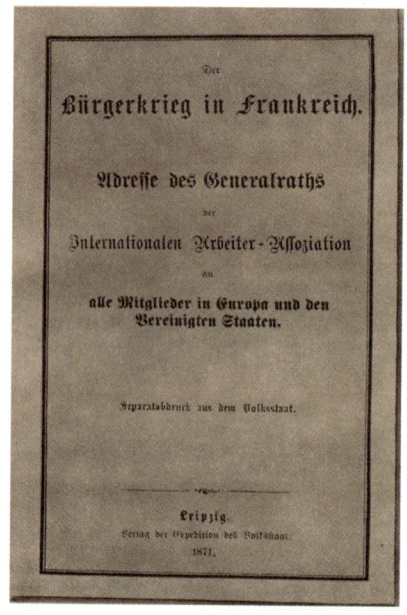 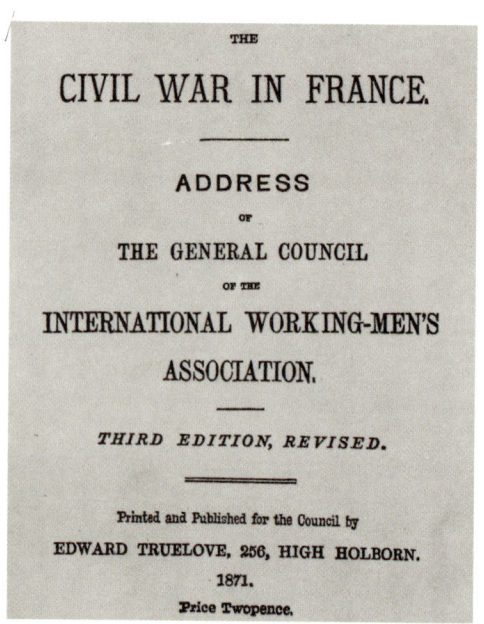

24

24 《法兰西内战》1871年德文版和英文版。马克思在该书中总结了巴黎公社的历史经验，发展了马克思主义关于无产阶级革命和无产阶级专政的学说。

25

25 对巴黎公社成员的审判

26 在伦敦的巴黎公社流亡者

27 马克思用法文写下的有关流亡的公社社员状况的札记，全文如下：

在公社被镇压时有四百六十名（外国人）被捕。他们在囚犯船上呆了五个月。由于缺乏犯罪构成，案件就了结了。

在纽黑文登陆，船上没有饮食。释放时衣不蔽体，身无分文。他们被告知，可以找各自的领事解决困难。

从纽黑文到伦敦的路程一部分是步行的。

卡·马克思写于1871年11月初

26   27

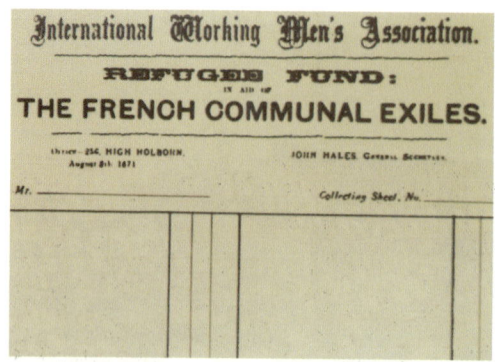

28

28 国际工人协会有关公社流亡者救济委员会的募捐单

29 公社流亡者在伦敦的避难所（铜版画）曹剑峰。公社失败后，马克思和恩格斯非常关心公社社员的处境。他们想各种办法营救尚未脱险的公社社员，为他们办护照、筹路费，并且组织公社流亡者救济委员会，救济流亡到伦敦的公社社员，为他们安排食宿，谋求职业。公社流亡者把马克思家看作可以得到温暖的避难所。他们在这里可以随意进出，任何时候都会受到热情接待。

30 伦敦受威胁最大的人（油画）陈衍宁。马克思写下的《法兰西内战》鼓舞了全世界无产阶级，产生了很大影响。英国当局更是派出大量暗探和间谍，加紧了对马克思的监视。马克思每次出门，身后都有一连串的"尾巴"秘密跟随。马克思把这事当笑话讲给朋友们听，还说自己是"伦敦受诽谤最多、受威胁最大的人"。

29

《国际歌》这首被世界人民传诵的著名革命歌曲就是在巴黎公社革命的烈火中诞生的。55岁的欧仁·鲍狄埃是第一国际巴黎支部的委员，巴黎公社的领导人之一。在震撼世界的"五月流血周"中，鲍狄埃拖着残缺的右手和年迈的身体参加了保卫巴黎公社的浴血战斗。5月30日，正当凡尔赛报纸宣称鲍狄埃已被逮捕处决时，这位无产阶级的伟大诗人躲过敌人搜捕，在巴黎郊外工人区的一所老房子的阁楼上，用战斗的笔，谱写了歌颂巴黎公社英勇斗争和无产阶级解放事业的战歌：

　　起来，饥寒交迫的奴隶！
　　起来，全世界受苦的人！
　　……
　　这是最后的斗争，团结起来到明天，
　　英特纳雄耐尔就一定要实现！

　　巴黎公社虽然只存在了72天，但是它的历史功绩不可磨灭。正如马克思说："英勇的三月十八日运动是把人类从阶级社会中永远解放出来的伟大的社会革命的曙光。"

31　欧仁·鲍狄埃,巴黎公社委员,《国际歌》词作者。

32　《国际歌》歌词原稿

33　《国际歌》曲谱的手稿

34　皮埃尔·狄盖特，工人作曲家，《国际歌》的曲谱者。

35　公社原则永存！（中国画）王为政。马克思积极支持巴黎公社，始终关注公社的一切动态，他在《法兰西内战》一书中指出："即使公社被打败，斗争也只是推迟而已。公社的原则是永存的，是消灭不了的；这些原则将一再凸显出来，直到工人阶级获得解放。"

35

第八章

最后十年

1870年9月，恩格斯终于结束了长达20年的经商生活，从曼彻斯特迁居伦敦。他兴奋地给马克思写信说："我是一个自由的人了"。恩格斯搬到了瑞琴特公园路122号，距离马克思家只有15分钟的步行路程。从此以后，恩格斯不仅在经济上给马克思一家提供实际帮助，解除了他们的后顾之忧，而且经常与马克思见面，一起讨论各种政治和理论问题。

1

1　马克思（1875年于伦敦）

1876年，第一国际宣布解散。马克思卸下了领导国际的重担，每日生活变得比较规律了。他上午工作，午饭后散步，晚上接待朋友。这时，只有马克思的小女儿爱琳娜和马克思夫妇生活在一起，另外两个女儿小燕妮和劳拉已经出嫁了。大女儿燕妮·马克思嫁给了法国社会主义者沙尔·龙格，二女儿劳拉·马克思嫁给了法国工人运动的著名领袖保尔·拉法格。小燕妮和龙格共生过6个孩子，如今他们的后人有的在大学当老师，有的从事艺术工作。

由于原先的房子显得过于空旷，马克思一家搬到了同一条街上一套较小的房子里——梅特兰公园路41号。马克思在这幢房子中度过了一生的最后七年。

小燕妮和龙格的孩子们成了马克思晚年"无穷尽的乐趣的源泉"。有一次，李卜克内西去拜访马克思，正赶上小外孙琼尼也在这里。琼尼把马克思当做马车，骑在他的肩上，恩格斯和李卜克内西扮作拉车的马，然后让他们不停地奔跑，直到马克思跑不动为止。

2　马克思与小外孙在一起（素描淡彩）裘沙。马克思也是孩子们最喜爱的朋友，他休息时喜欢同孩子在一起。在他自己的孩子长大成人以后，他就经常同小外孙们、特别是琼尼（大女儿燕妮的儿子）一起玩耍。

3

4

3 马克思的外孙,燕妮的儿子让·龙格

4 劳拉和拉法格的儿子埃迪耶纳

恩格斯通常下午一点钟来到马克思家里，两人在马克思的书房里讨论各种问题，从事理论研究，制定斗争策略，为国际工人运动提供建议和帮助。在天气好的时候，两人就到附近的汉普斯泰特荒阜散步。

19世纪七八十年代，第一批社会主义政党和组织在欧美各国普遍建立起来。德国、法国、英国等国政党领袖们经常向马克思和恩格斯求教。与马克思和恩格斯联系最密切、受到指导最多的是德国社会民主党。

德国社会民主党成立于1869年，是在民族国家范围内建立的第一个无产阶级政党。在马克思和恩格斯的指导下，它发展成为当时欧洲最大、最成熟的社会主义政党。马克思和恩格斯为德国社会民主党所取得的成就感到高兴，但对它所犯的错误也给予严厉的批评。

1875年，德国社会民主党为了与拉萨尔派的全德工人联合会合并，不顾马克思和恩格斯的忠告，制定了一个充满拉萨尔主义的"纲领草案"。针对这一纲领草案，马克思进行了逐条批判，写下了《对德国工人党纲领的几点意见》，即著名的《哥达纲领批判》。在这部著作中，马克思在清算拉萨尔主义的同时，科学地阐述了关于过渡时期的理论，天才地预见和勾画了未来共产主义社会的历史进程、发展阶段和主要特征。

结果正如马克思和恩格斯所预料的那样，与拉萨尔派合并后不久，德国社会民主党内出现思想混乱，出现了"杜林热"。在马克思的帮助下，恩格斯发表了一系列批判文章，彻底扫清了杜林主义的影响。后来，恩格斯将这些文章汇集出版，这就是著名的《反杜林论》。《反杜林论》系统地阐释了马克思主义理论体系，是一部马克思主义的"百科全书"。这本书的理论部分，即《社会主义从空想到科学的发展》成为科学社会主义的入门书。

5　批判哥达纲领草案（油画）高莽。1875年春，德国工人运动内部的爱森纳赫派和拉萨尔派准备合并，马克思和恩格斯在看到了两派为合并所起草的纲领草案后，对于它"所表现的断然的退步"，"感到特别愤慨"。为了揭露拉萨尔机会主义，教育德国党的领导人和广大工人群众，马克思对这个纲领草案从政治上、理论上、策略上进行了系统的批判。

6　《新时代》1891年第1卷第18期上发表的马克思《哥达纲领批判》。1875年5月5日，马克思把对《哥达纲领草案》的几点意见连同给白拉克的一封信一起寄回德国，并要求白拉克看后转给德国党的其他领导人。这些文件（后被称为《哥达纲领批判》）当时没有公开发表。15年后的1891年，由于斗争形势的需要，恩格斯才决定在德国的理论刊物《新时代》杂志上发表。

7　马克思1875年5月5日给白拉克的信

6

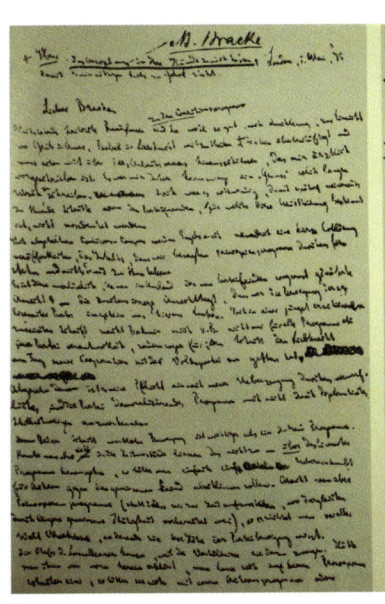

7

8 《哥达纲领批判》多个外文版

9 支持恩格斯撰写《反杜林论》(油画)丁一林。德国社会民主工党同拉萨尔派合并后，党内机会主义思想日益滋长，特别是杜林的小资产阶级思想观点在党内得到了广泛传播，甚至党的一些领导人也受到某种影响。鉴于杜林给社会主义运动带来日益严重的危害，马克思和恩格斯决定给予彻底揭露和批判。当时马克思要继续写作《资本论》，批判的任务主要落在恩格斯肩上。恩格斯花了两年时间写成了一部巨著，名为《欧根·杜林先生在科学中实行的变革》，简称《反杜林论》。马克思帮助他收集了大量资料，并亲自撰写了第二编中的第十章。该书从哲学、政治经济学、社会主义方面彻底批判了杜林的错误理论，系统阐述了马克思主义三个组成部分的基本原理。

9

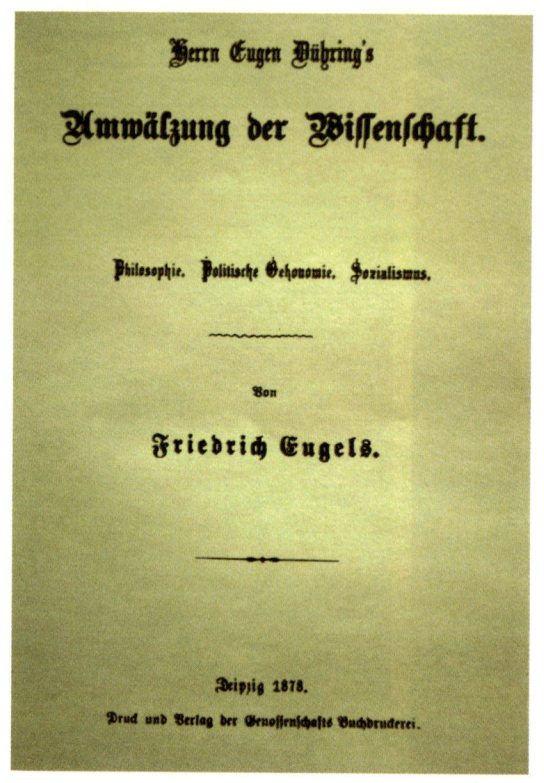

10

10 《反杜林论》第一版

11 马克思为《反杜林论》写的《评杜林〈国民经济学批判史〉》手稿的第一页

12 马克思和恩格斯1879年9月17—18日给奥·倍倍尔等人通告信的第1页。1878年10月，俾斯麦政府颁发《反社会党人非常法》，德国社会民主党被宣布为非法，党内出现了以卡·赫希柏格、卡·奥·施拉姆、爱·伯恩施坦为代表的机会主义倾向，宣扬投降主义路线，而党的领导人对机会主义倾向采取了调和主义立场。为此，马克思和恩格斯给德国党的领导人写了一封通告信，批评了德国党，从而纠正了它的错误。

11

12

14

13 欢宴德国同志(中国画)王庆明、甘正伦。1880年底,奥·倍倍尔、保·辛格尔等先后来到伦敦,同马克思、恩格斯商讨党的事务和党报的工作。马克思一家热情地接待了他们。马克思对倍倍尔的印象很好,后来称赞他为"德国(可以说'欧洲')工人阶级中罕见的人物"。

14 1881年李卜克内西和倍倍尔在莱比锡参加社会主义党人的秘密会议。在马克思、恩格斯指导下,德国社会民主党对机会主义的斗争取得了一定胜利,在1880年维登代表大会上便决定修改哥达纲领,确定了正确的斗争策略和方向。

晚年的马克思由于常年过度劳累和多种疾病缠身，容貌看上去比实际年龄显得苍老很多，头发和胡须已经大半变白，只有嘴唇上面的胡子是黑色的。极度衰弱的身体使马克思不得不常常停下手上的工作。在马克思留下的晚年手稿中，我们经常能够看到文字拼写和语法运用的错误，这些错误都是马克思同病魔作斗争留下的痕迹。

马克思在晚年为整理修改《资本论》第二、三卷付出了巨大的努力，光是为写作《资本论》第二、三卷搜集的资料就十分惊人。从19世纪70年代起，马克思广泛地搜集关于各国资本主义发展状况的资料，尤其是关于俄国的资料。1881年，马克思为自己开列了一份《我藏书中的俄国书籍》的书单，涉及的材料多达120多种。马克思逝世后，恩格斯在整理马克思的书籍时惊讶地发现，仅仅是马克思阅读过的俄国统计资料，体积就超过了两立方米。

马克思曾经说："外国语是人生斗争的一种武器。"早在中学时代他就比较熟练地掌握了法语、拉丁语和希腊语。在大学和之后的工作中，马克思不断学习和研究各种语言，几乎能够阅读欧洲所有国家的文字。为了研究俄国问题，马克思晚年又学会了俄文。

当时，俄国的理论家和革命者围绕着俄国农村公社的命运产生了争论，在争论中都引用《资本论》来支持自己的观点。马克思坚决反对把自己的论述教条化的做法。在给俄国《祖国纪事》杂志编辑部的信中，马克思明确写道：

> "一定要把我关于西欧资本主义起源的历史概述彻底变成一般发展道路的历史哲学理论，一切民族，不管它们所处的历史环境如何，都注定要走这条道路……他这样做，会给我过多的荣誉，同时也会给我过多的侮辱。"

1881年2月，俄国女革命家查苏利奇写信给马克思，请求他谈谈对俄国农村公社命运的看法。马克思没有马上回信，而是进行了反复思考。在四易其稿的基础上，马克思给查苏利奇回了一封短信。在这封回信及其草稿中，马克思提出了这样一个设想：俄国社会发展有可能走一条不同于西欧资本主义国家的发展道路，但是俄国能否走上这样一条道路，则取决于它所处的历史环境。

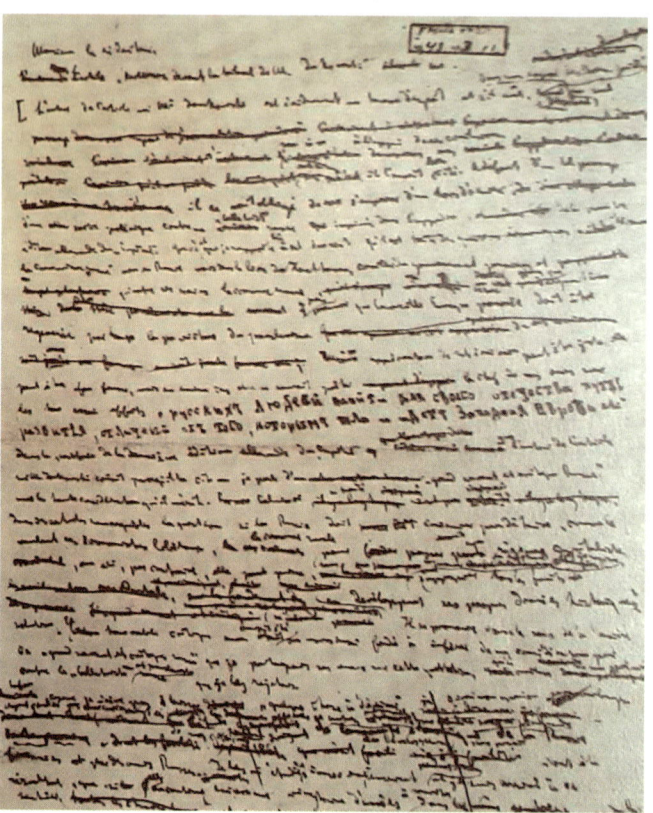

15

15　马克思晚年十分关注俄国和东方经济文化相对落后国家的发展道路，经常同俄国革命家及学者们探讨俄国发展方向和革命问题。他在 1877 年 11 月前后给俄国《祖国纪事》杂志编辑部的信中阐述了俄国有可能走一条不同于西欧资本主义发展道路的思想。

16 马克思给查苏利奇的信（初稿第 3 页）。1881 年 2 月，俄国女革命家维·伊·查苏利奇给马克思写信，请求马克思谈谈对俄国历史发展前景特别是俄国农村公社命运的看法。马克思 3 月的复信论述了俄国及东方社会问题，指出，在取得社会革命胜利以后，要跨越资本主义"卡夫丁峡谷"，利用资本主义成果直接进入共产主义。

17 马克思 1881 年写的《我的藏书中的俄国书籍》

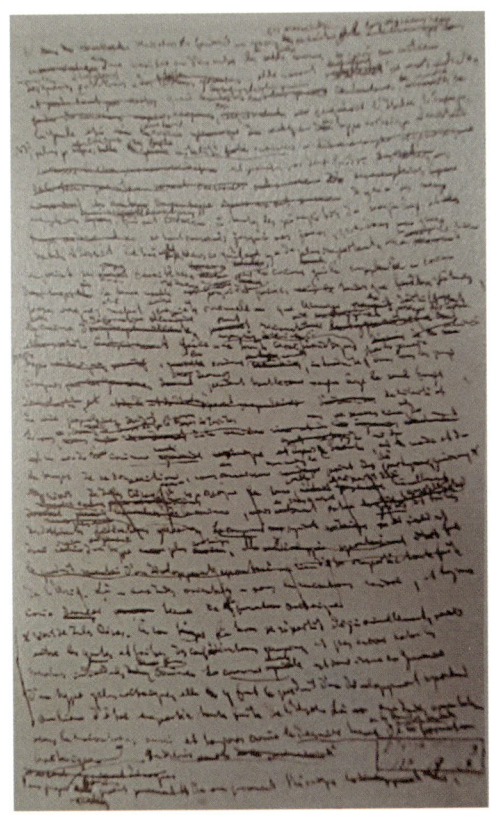

16

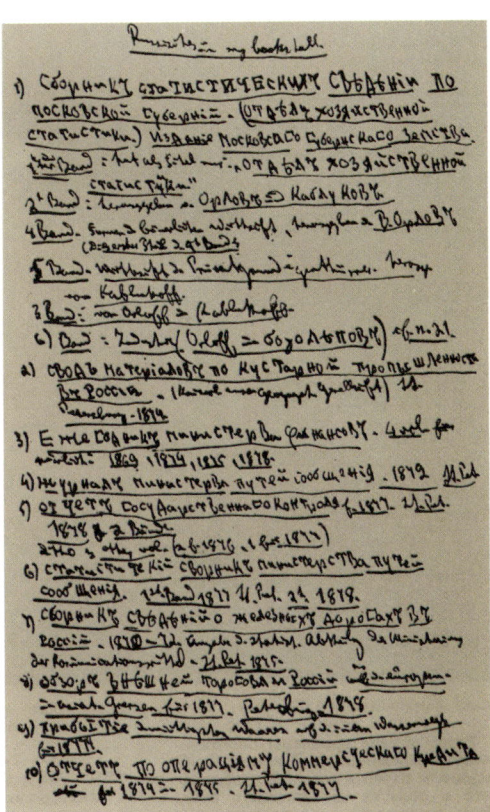

17

马克思的夫人燕妮晚年时患上了肝病，卧床不起。马克思不离左右地照料着她，但不久自己也病重倒下，随时有生命危险。两人分躺在不同的房间，好长一段时间不能相见。一天早晨，马克思感觉自己好些了，便下床走到了燕妮的房间。多日不见的两人又在一起了，好似一对热恋中的青年男女，全然不像两位病重的老人。燕妮的肝病急剧恶化，1881年12月2日，她告别了共同生活38年的丈夫，离开了人间。只有恩格斯才能深刻地理解老战友马克思的悲痛，他说，马克思也死了。

一年后，正值壮年的小燕妮也因病去世。突然失去最喜爱的大女儿，加上疾病的折磨，使马克思虚弱不堪，从此一病不起。

18

18 在阿让特伊（丙烯画）尚沪生。1881 年 7 月，马克思陪同患病的妻子燕妮到巴黎附近，离女儿劳拉家不远的阿让特伊短期休养。马克思家的仆人德穆特陪伴他们前往。

19

19　19世纪60年代末的燕妮

20　"卡尔，我不行了！"（油画）杨红太。1881年12月2日，燕妮·马克思在长期患病后与世长辞，离开了相濡以沫几十年的卡尔·马克思。恩格斯在悼念活动中，高度评价燕妮："她的一生表现出了极其明确的批判智能，卓越的政治才干，充沛的精力，伟大的忘我精神；她这一生为革命运动所做的事情，是公众看不到的，在报刊上也没有记载。她所做的一切只有和她在一起生活的人才了解。"

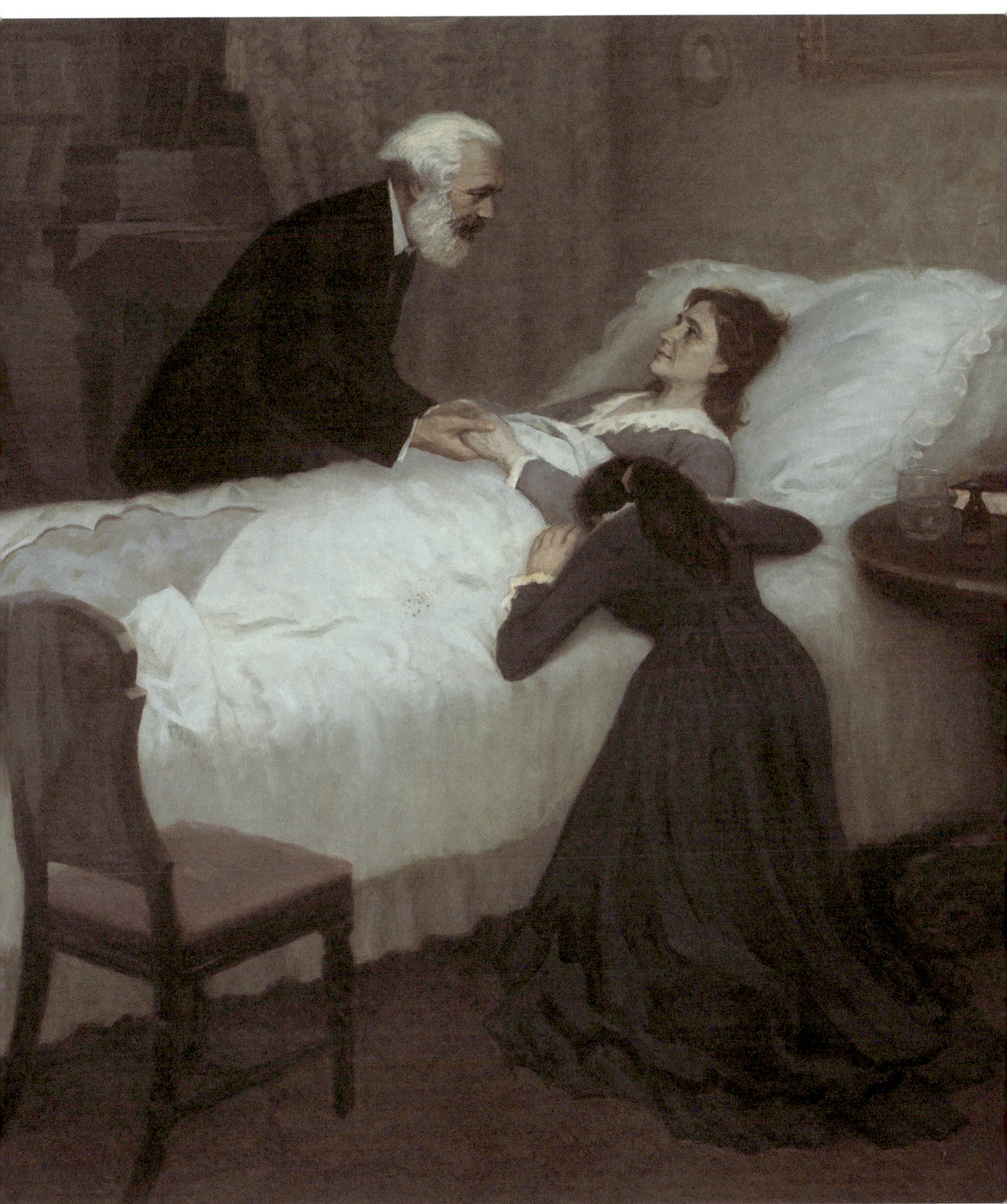
20

21 燕妮·马克思写的《动荡生活简记》的手稿第一页。该书叙述了她和马克思从1843年6月结婚时起至1864年这一段的经历。

22 1883年1月11日,马克思的长女燕妮·马克思因病在巴黎附近的阿让特伊去世。失去一个年仅38岁的心爱的女儿,这对马克思又是一个沉重的打击。马克思悲痛万分,原来患的支气管炎、喉头炎更加严重了,终于导致他自己也一病不起。

23 小燕妮和龙格在巴黎附近阿让特伊的寓所。马克思在1881年和1882年曾几次住在这里。

23

两个月后，1883年3月14日下午两点三刻，恩格斯像往常一样准时来看望马克思。当恩格斯来到楼上书房的时候，发现马克思在安乐椅上睡着了，但已经是长眠不醒了。

3天后，在伦敦海格特公墓举行了一个有十几个人参加的简朴葬礼。恩格斯发表了著名的马克思墓前讲话。他说：

"正像达尔文发现有机界的发展规律一样，马克思发现了人类历史的发展规律……不仅如此。马克思还发现了现代资本主义生产方式和它所产生的现代资产阶级社会的特殊的运动规律。"

马克思"毕生的真正使命，就是以这种或那种方式参加推翻资本主义社会及其所建立的国家设施的事业，参加现代无产阶级的解放事业……正因为这样，所以马克思是当代最遭嫉恨和最受诬蔑的人"，但是"我可以大胆地说，他可能有过许多敌人，但未必有一个私敌"。

马克思去世的时候，他的墓上只有一块刻着生卒年月的简朴墓碑。1954年，英国共产党把马克思的墓迁移到现在的位置，并树立了一座带有马克思青铜头像的纪念碑。包括中国共产党在内的许多国家的共产党都为修建这座墓捐了款。

年复一年，成千上万的人们怀着崇敬的心情，从世界各地来到马克思的墓前瞻仰，缅怀这位不朽的世界伟人，人们不禁会想起他在中学时写下的那段话：

"如果我们选择了最能为人类而工作的职业，那么，重担就不能把我们压倒，因为这是为大家作出的牺牲……我们的幸福将属于千百万人，我们的事业将悄然无声地存在下去，但是它将会永远发挥作用，而面对我们的骨灰，高尚的人们将洒下热泪。"

第八章 | 最后十年　281

24

24　马克思（1882年）。这是马克思留下的最后一幅照片。

25　伦敦梅特兰公园路 41 号房屋，马克思一家从 1875 年 3 月起在此居住。

26　伦敦梅特兰公园路 41 号墙上的标识：卡尔·马克思（1818—1883），哲学家，1875—1883 年曾在这里的某套房子居住，并在这里去世。

27　马克思晚年的书房（模型）

28　马克思使用过的扶手椅

25

26

第八章 | 最后十年

27

28

29　马克思和家人使用过的物品（**目前存放在莫斯科社会历史博物馆**）

30　三月十四日（**油画**）艾中信。1883 年 3 月 14 日下午两时三刻，无产阶级的革命导师马克思在工作室的坐椅上与世长辞。

31　他的英名将永垂不朽！(版画)茹科夫

32　德国社会民主党中央机关报《社会民主党人》刊登的马克思逝世的讣告

33　马克思的死亡证书

31

第八章 | 最后十年

32

33

34　简朴的葬仪（丙烯画）何孔德
35　恩格斯写的马克思墓前讲话草稿的第二页

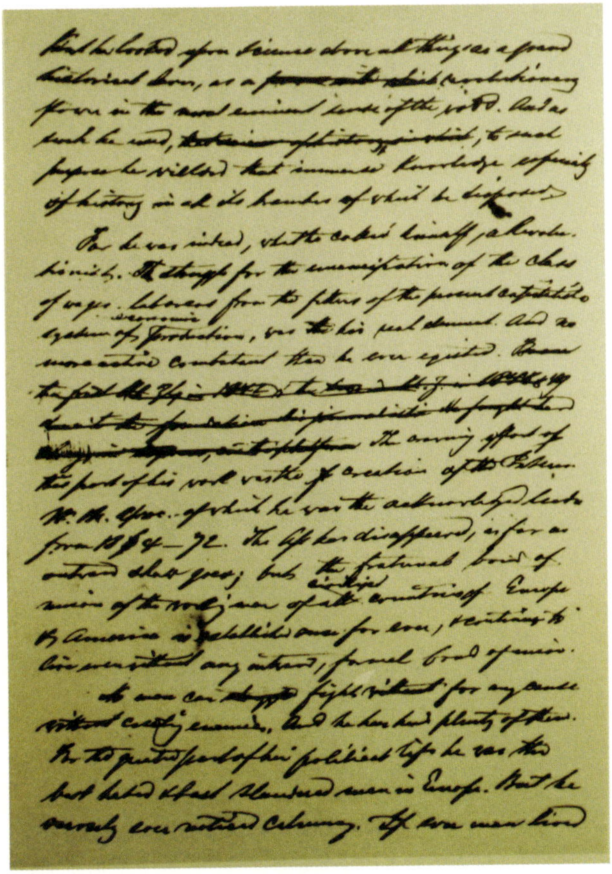

35

卡尔·马克思是百年少有的杰出人物之一。查理·达尔文发现了我们星球上有机界的发展规律。马克思则发现了决定人类历史运动和发展的基本规律……马克思还发现了一个规律。就是这个规律造成了我们的社会现状和这个社会的阶级大分化——分化成资本家和雇佣工人；现在这个社会就是按照这个规律组织起来、成长起来的，一直成长到差不多已经过了时，而且就是按照这个规律，这个社会最终必将像所有以前的社会历史阶段一样灭亡。

——恩格斯

36　伦敦海格特马克思墓。该墓修建于马克思逝世73周年（1956年3月14日）之际。

马克思身后留下了大量的手稿、笔记和书信。现在这些手稿有三分之二保存在荷兰阿姆斯特丹国际社会历史研究所，其余的三分之一保存在俄罗斯国家社会政治和历史档案馆，这是无产阶级的宝贵财富。一百多年的时间里，为了保存和整理这些手稿，人们做出了巨大的努力。

马克思生前曾经对小女儿爱琳娜说过，希望恩格斯根据《资本论》手稿"做出点什么来"。为了尽快出版《资本论》第二卷和第三卷，恩格斯夜以继日地整理马克思留下的手稿和笔记。后来，他身体累垮了，不得不聘请秘书，由自己口述，秘书进行笔录。整理编辑的过程是异常艰辛的，但是也给恩格斯带来了愉快和满足。恩格斯在给朋友的信中说：

"我喜欢这种劳动，因为我重新又和我的老朋友在一起了。"

经过两年的紧张工作，恩格斯整理完成了《资本论》第二卷，于1885年出版。随后，恩格斯立即着手《资本论》第三卷的整理工作，他本来打算在第二年出版这一卷。但是，整理第三卷手稿要比整理第二卷的困难更多。

困难超过了恩格斯原来的预料，因为马克思留下的大部分手稿字迹潦草，难以辨认，在写作中多用个性化缩略词，并在德文、英文中夹杂着其他许多文字。另外，《资本论》第三卷手稿将近一千页，但是有的章节只有一些材料，甚至只有一个大标题，需要恩格斯进行补写。恩格斯当时视力严重衰退，只有在天气晴朗、光线充足的时候才能动笔，到了晚上很难进行工作，此外他还负担着许多其他的工作。直到十年后，《资本论》才正式出版。可想而知，恩格斯为此付出了多么艰辛的努力，但是除了恩格斯这样对马克思的思想了解很深刻、很细腻的人，还有谁能完成如此艰巨的工作呢？所以，列宁说：

"的确，这两卷《资本论》是马克思和恩格斯两人的著作。"

恩格斯在整理出版《资本论》第三卷的同时，还根据当时实际斗争的形势需要，整理出版了他和马克思的早先著作和以前未曾公开发表的著作，并写了许多重要的序言。恩格斯在马克思《人类学笔记》的基础上，综合新的人类学研究成果，写作了《家庭、私有制和国家的起源》一书。他还系统地阐述了马克思主义理论，写下了《路德维希·费尔巴哈与德国古典哲学的终结》《德法农民问题》等一系列著作，以及《自然辩证法》手稿和大量书信，进一步丰富了马克思主义理论宝库。

在恩格斯的不懈努力下，到19世纪80年代末，马克思主义在各国工人中广泛传播，无产阶级的阶级意识迅速提高，社会主义政党在欧美各国普遍建立起来，国际工人运动出现了新的高潮。在恩格斯的直接推动下，1889年成立了第二国际，为各国社会主义政党在马克思主义旗帜下的团结奠定了基础。

恩格斯晚年在国际工人群众中享有崇高的威望，但是他始终十分谦虚地把一切功劳和荣誉都归于马克思，他说：

"马克思是天才，我们至多是能手。没有马克思，我们的理论远不会是现在这个样子。所以，这个理论用他的名字命名是公正的。"

"我一生所做的是我注定要做的事，就是拉第二小提琴，而且我想我还做得不错。我高兴我有像马克思这样的第一小提琴手。"

1895年8月5日，恩格斯在伦敦逝世。按照恩格斯的遗嘱，他的骨灰撒入了大海。马克思曾说过，恩格斯是"我的第二个我"。在这种意义上，确实可以说，恩格斯逝世后，马克思才完全逝世了。

在创立和发展马克思主义的过程中，恩格斯是马克思的终生合作者；在为实现无产阶级解放而进行的共同斗争中，恩格斯始终是马克思最亲密的战友；在马克思陷入生活困顿的时候，恩格斯始终给予马克思无私的帮助。共同的信仰和追求，使他们成了亲密无间的挚友。正如列宁所说：

> "他们的关系超过了古人关于友谊的一切最动人的传说。"

在世界近代历史上,如果说有哪个人的学说深刻改变了人们对世界的认识,我们或许能够举出一长串的名字;但是,如果说有哪个人不仅用他的理论而且通过行动改变了世界历史的进程,那么恐怕没有人能与马克思相比。马克思和恩格斯科学地揭示了人类社会发展和资本主义社会运动的规律,指出了资本主义必然灭亡、社会主义必然胜利的总趋势,并且亲身领导了 19 世纪下半叶如火如荼的无产阶级革命斗争,无产阶级反对资产阶级、社会主义反对资本主义的斗争成为推动历史进步的新动力。

进入 20 世纪,列宁领导的布尔什维克党和以毛泽东为主要代表的中国共产党人先后在俄国和中国夺取政权。世界范围内兴起的无产阶级革命和民族解放运动,使世界形成了两种制度对峙的新局面,改变了世界的政治格局和力量对比。如果没有马克思,如果没有马克思主义,世界将不会是今天这个样子。

马克思的学说不仅改变了世界,而且成为人类文化的重要遗产。1992 年,联合国教科文组织发起了"世界记忆计划",把全世界保存至今的珍贵文献纳入"世界记忆名录",目的是防止人类集体记忆丧失,呼吁保护宝贵的文化遗产和馆藏文献,让它们的价值在世界范围内广泛传播。到目前为止,"世界记忆名录"共收入了 100 个国家的 300 多份历史文献,其中包括中国的《黄帝内经》和《本草纲目》等在内的 10 份文献。《共产党宣言》仅存于世的一页手稿,和马克思亲手批注过的《资本论》第一卷也被选入"世界记忆名录"。联合国教科文组织就这两部作品入选的理由写道:它们同属于 19 世纪最重要出版物的一部分,影响深远,几乎被翻译成了世界上所有的语言,并传播到世界各地。在世纪之交,多家机构和媒体纷纷评选世纪伟人和千年思想家,马克思都名列前茅。

2008年，一场起源于华尔街的金融海啸迅速演变成席卷全球的经济危机，打乱了人们的日常生活，动摇了世界的经济秩序。此时此刻，世界村的居民都不约而同地思考着一个同样的问题：资本主义怎么了？对资本主义的反思带来了对马克思的重新认识，这一思潮在全世界迅速扩散。往日很少有人问津的《资本论》成了书店里的热销书，连银行家和经理们也开始阅读《资本论》，试图从中寻找资本主义经济危机的根源和对策。甚至一向敌视马克思的资产阶级政客也不得不承认，马克思早已洞悉了资本主义社会的弊病。

越是在世界激烈动荡、矛盾斗争尖锐的时候，马克思主义便越是显示出强大的生命力。邓小平曾说过：

> "不要认为马克思主义就消失了，没用了，失败了。哪有这回事！""我坚信，世界上赞成马克思主义的人会多起来的，因为马克思主义是科学。"

1949年9月10日，在新中国成立前夕，毛泽东在为新华社所写的社论《唯心历史观的破产》中写道：

> "马克思列宁主义来到中国之所以发生这样大的作用，是因为中国的社会条件有了这种需要，是因为同中国人民革命的实践发生了联系，是因为被中国人民所掌握了。"

"十月革命一声炮响，给我们送来了马克思列宁主义。"五四运动前后中国先进分子接触并最终选择了马克思主义，这在当今的中国已成为人所共知的常识。但是很多人不知道，马克思主义与中华民族的不解之缘，实可追溯到鸦片战争时期，也就是近代中华民族遭遇空前深刻的生存危机的那个年代。

纽约公共图书馆至今还保存着100多年前出版的《纽约每日论坛

报》。19世纪50年代至60年代初，马克思和恩格斯的著述很难在欧洲发表，因此，他们的多数文章都刊登在美国的进步报刊《纽约每日论坛报》上。他们一共为《纽约每日论坛报》撰写了500多篇文章，其中有15篇是关于中国的评论。在这些文章中，马克思和恩格斯不仅热情声援中国人民反对英法侵略、保卫家园的正义斗争，指出晚清王朝的衰落和中国的农民革命必将促使中国社会变革，而且预言中华民族必将崛起。当马克思和恩格斯得知中国正在发生的农民革命提出了消灭私有制等激进主张时，他们写道：

> "当我们的欧洲反动分子不久的将来在亚洲逃难，最后到达万里长城，到达最反动最保守的堡垒的大门的时候，他们说不定会看见上面写着：
>
> 中华共和国
> 自由，平等，博爱"

恩格斯在称赞中国人民反抗英国侵略者的英勇行动时写道：

> "他们已觉悟到古老的中国遇着极大的危险。过不了多少年，我们就会看到世界上最古老的帝国作垂死的挣扎，同时我们也会看到整个亚洲新纪元的曙光。"

马克思和恩格斯是在19世纪50年代做出上述预言的，那是中国开始逐渐失去独立地位，沦为半殖民地半封建国家的悲惨年代，世界上没有一个思想家或政治家相信中国还有希望。然而，中华民族过去一百多年来苦难与辉煌的历史，充分证明了马克思和恩格斯这两位伟大思想家的远见卓识。今天，中国人民正在以习近平同志为核心的党中央领导下，在实现中华民族伟大复兴的中国梦的道路上迅猛前进。我们正前所未有地靠近世界舞台中心，前所未有地接近实现中华民族伟大复兴的目标，前所未有地具有实现这个目标的能力和信心。

正如习近平总书记所指出：

"马克思主义是随着时代、实践、科学发展而不断发展的开放的理论体系，它并没有结束真理，而是开辟了通向真理的道路。"

只有把坚持马克思主义和发展马克思主义统一起来，结合新的实践不断发展 21 世纪马克思主义、当代中国马克思主义，才能使马克思主义永葆生机活力。